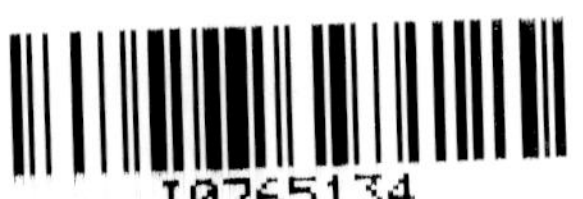

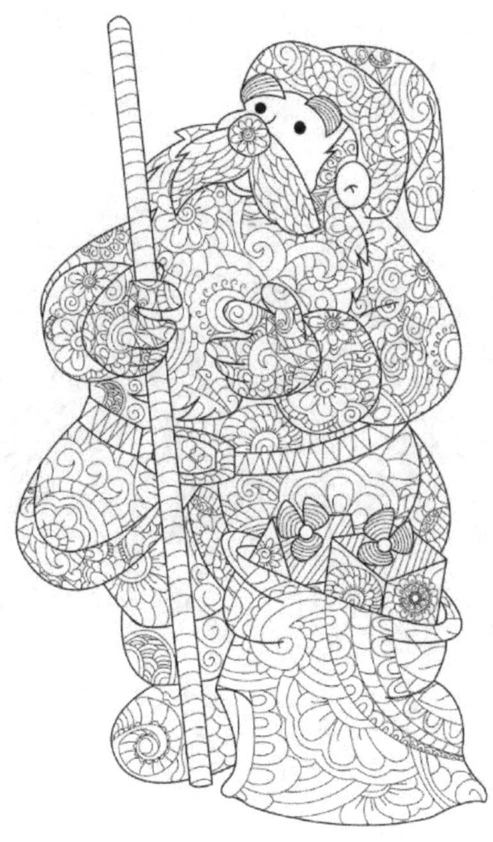

This Book Belongs To:

____

____

____

____

____

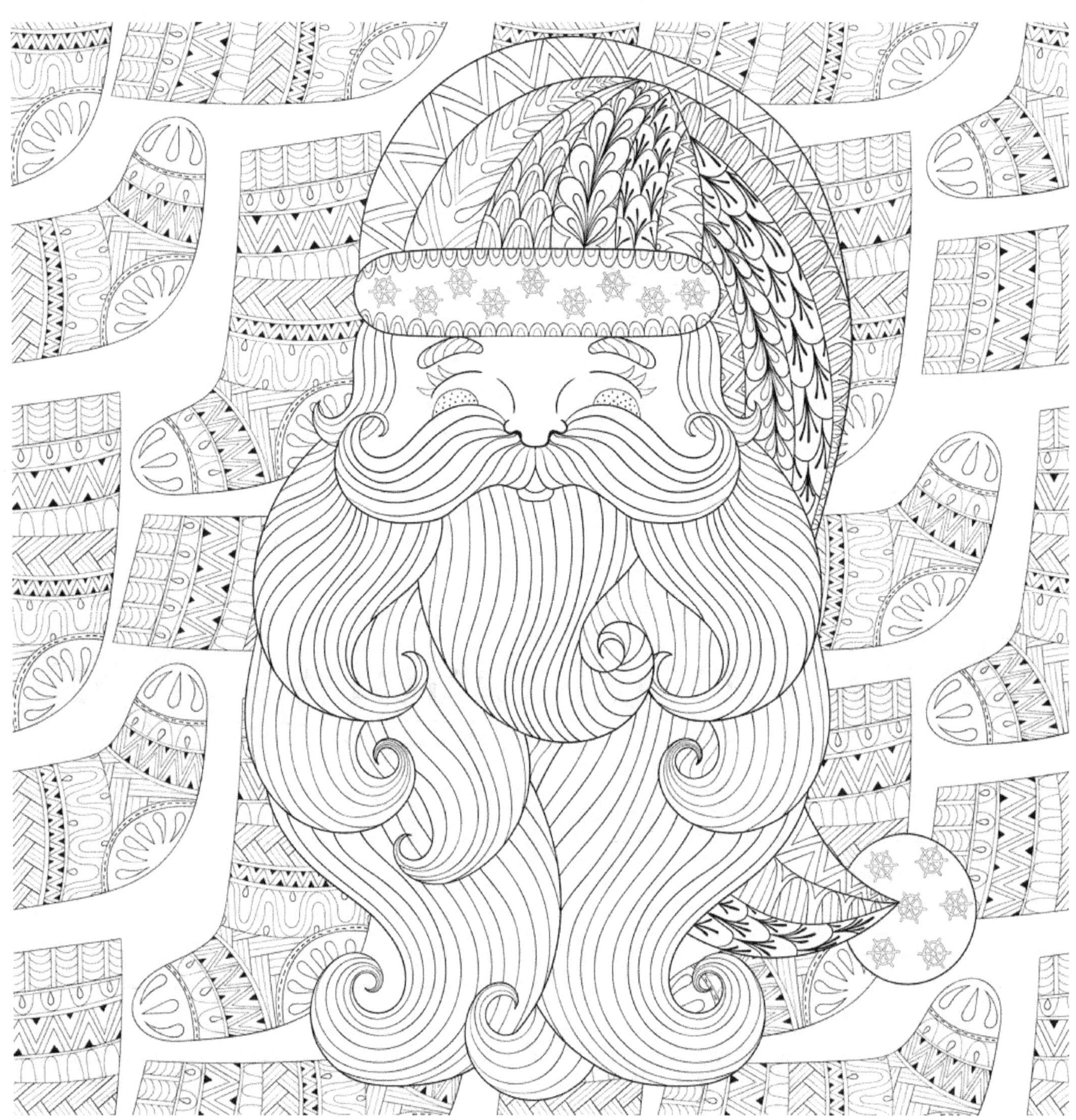

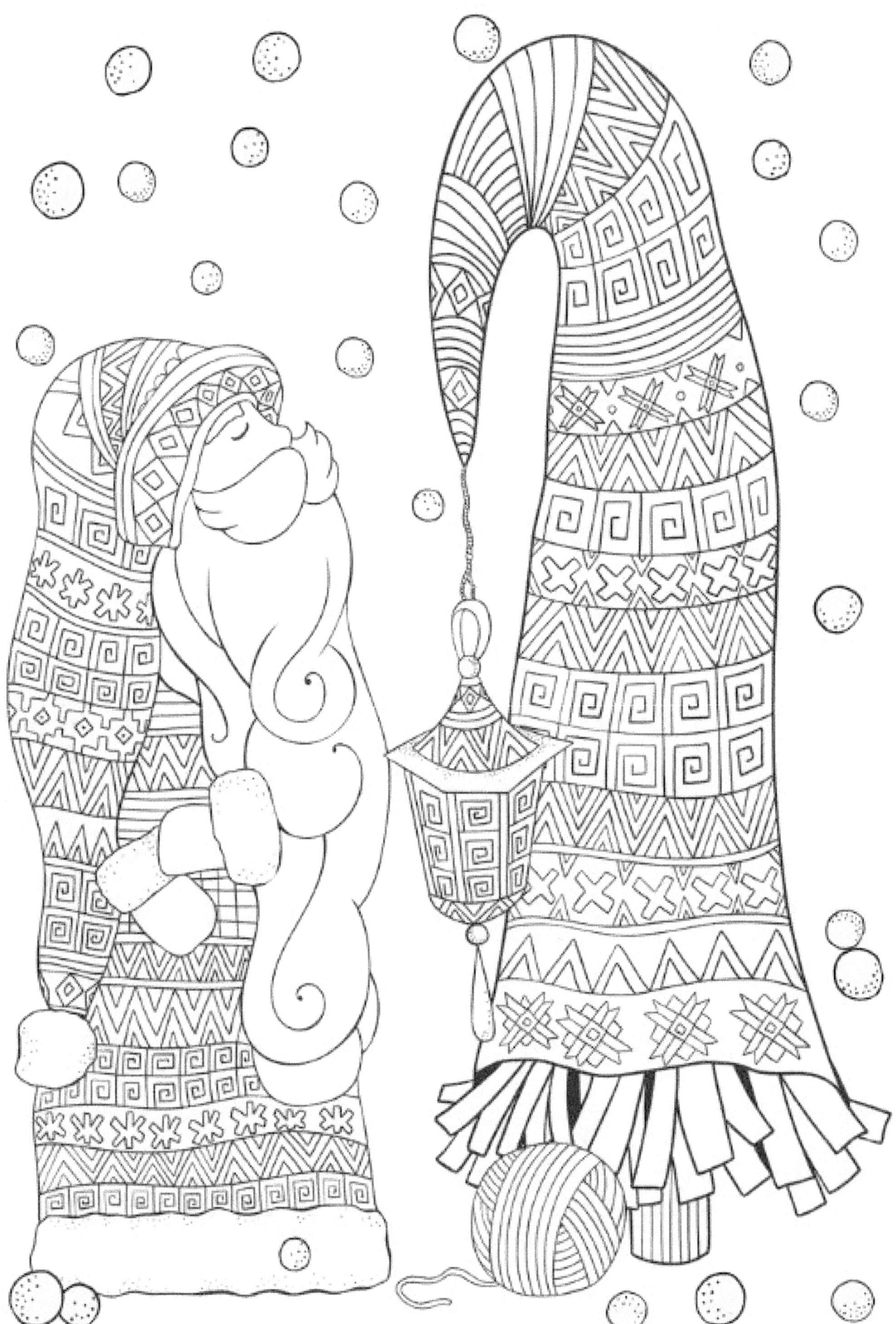

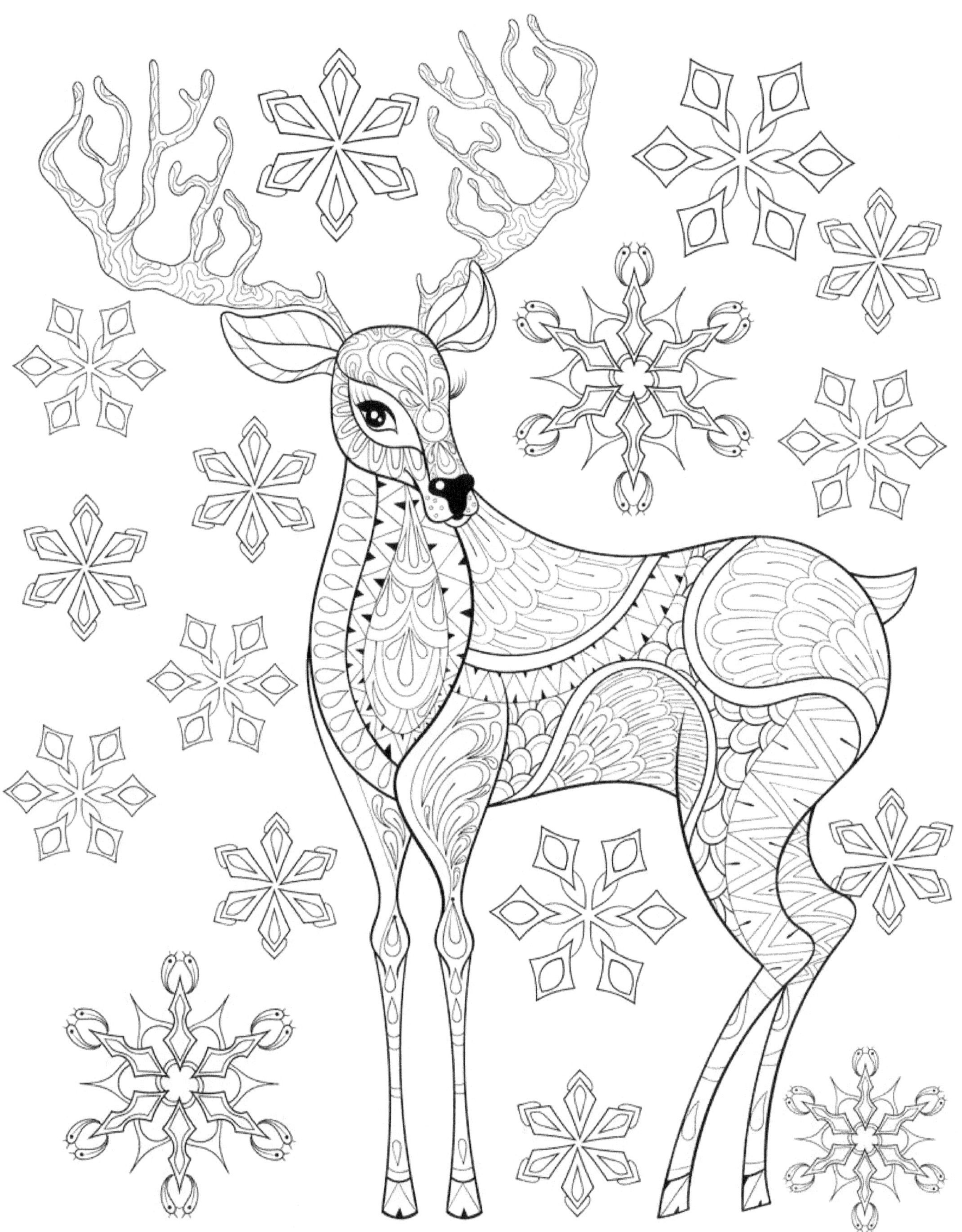

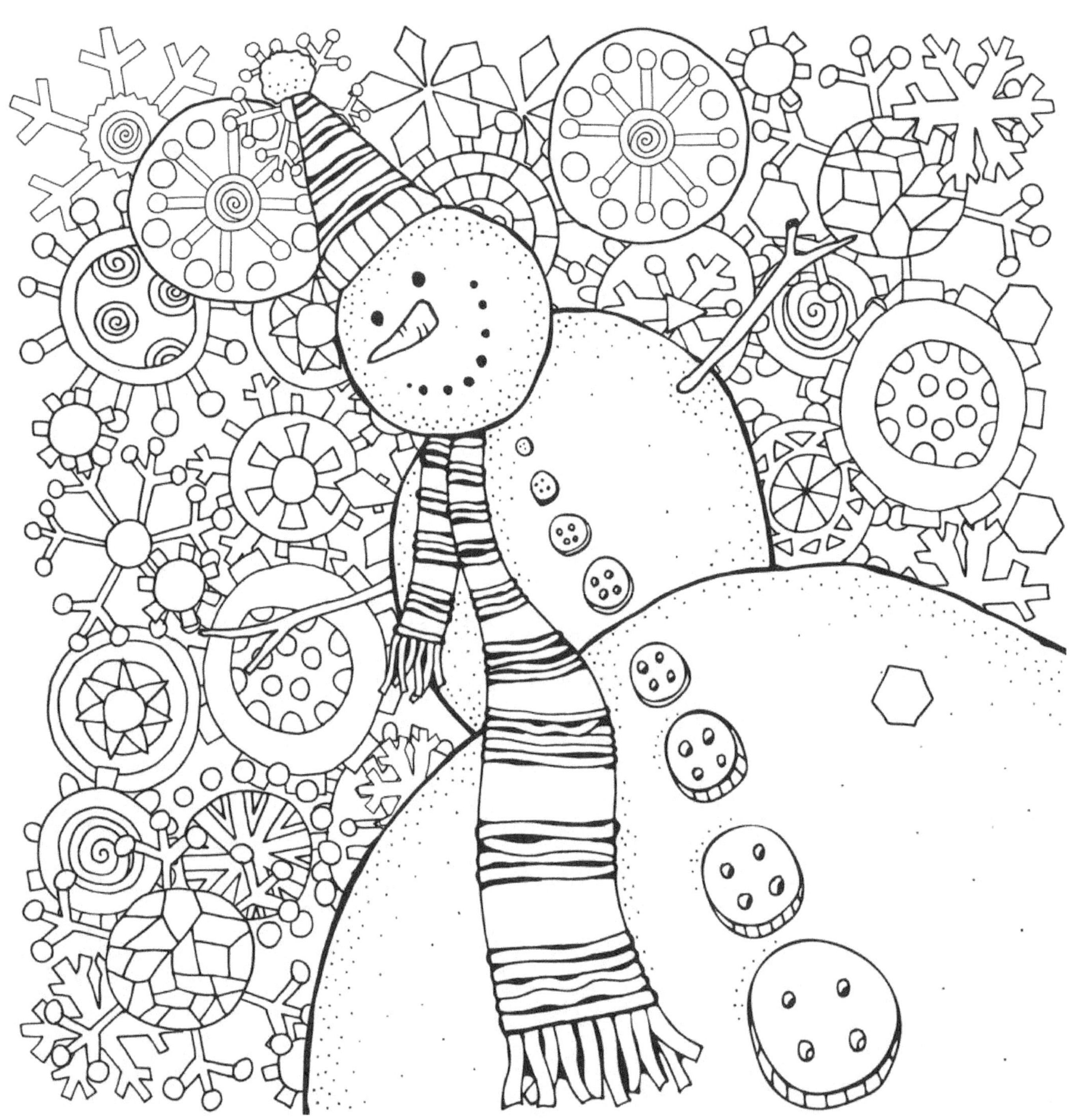

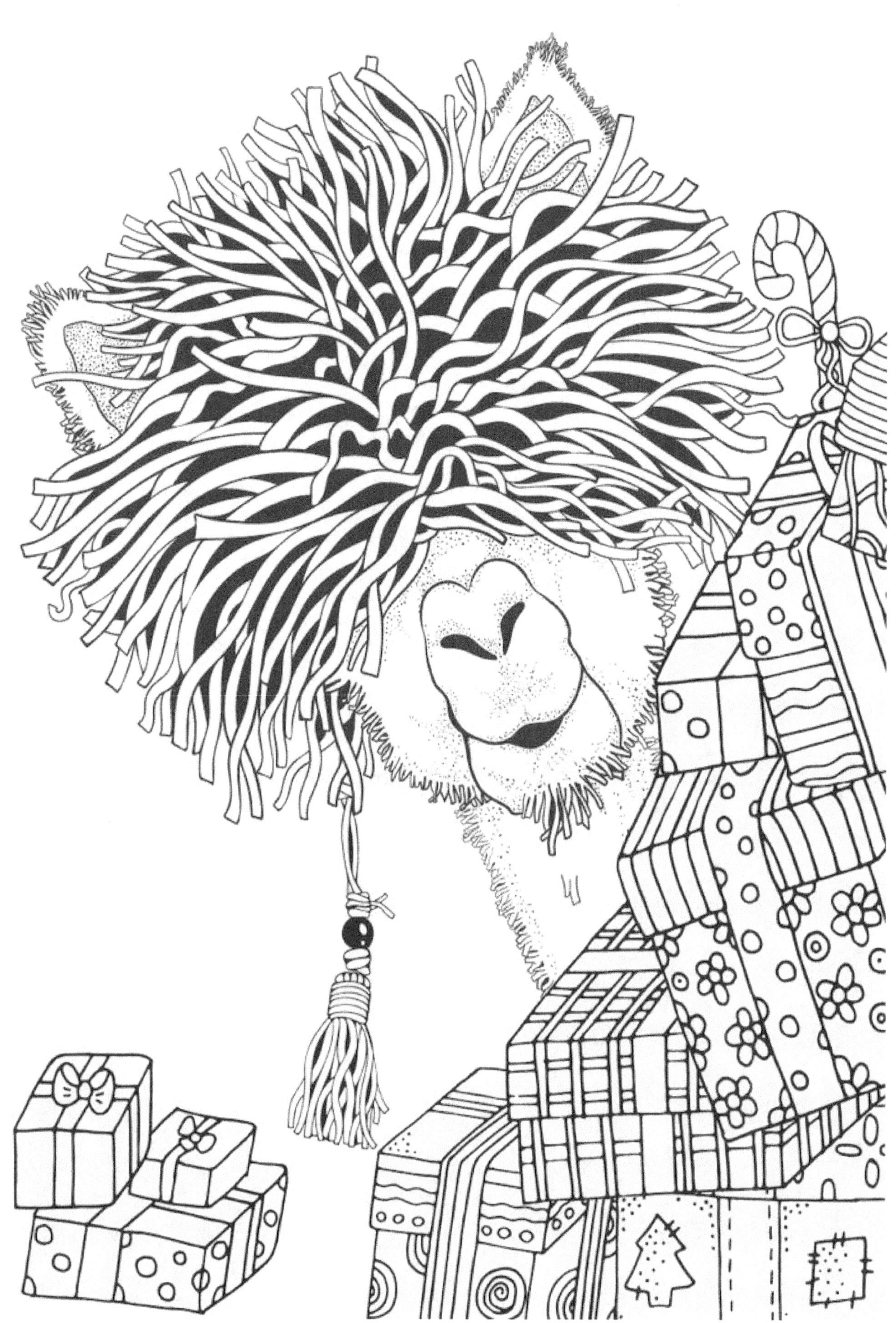

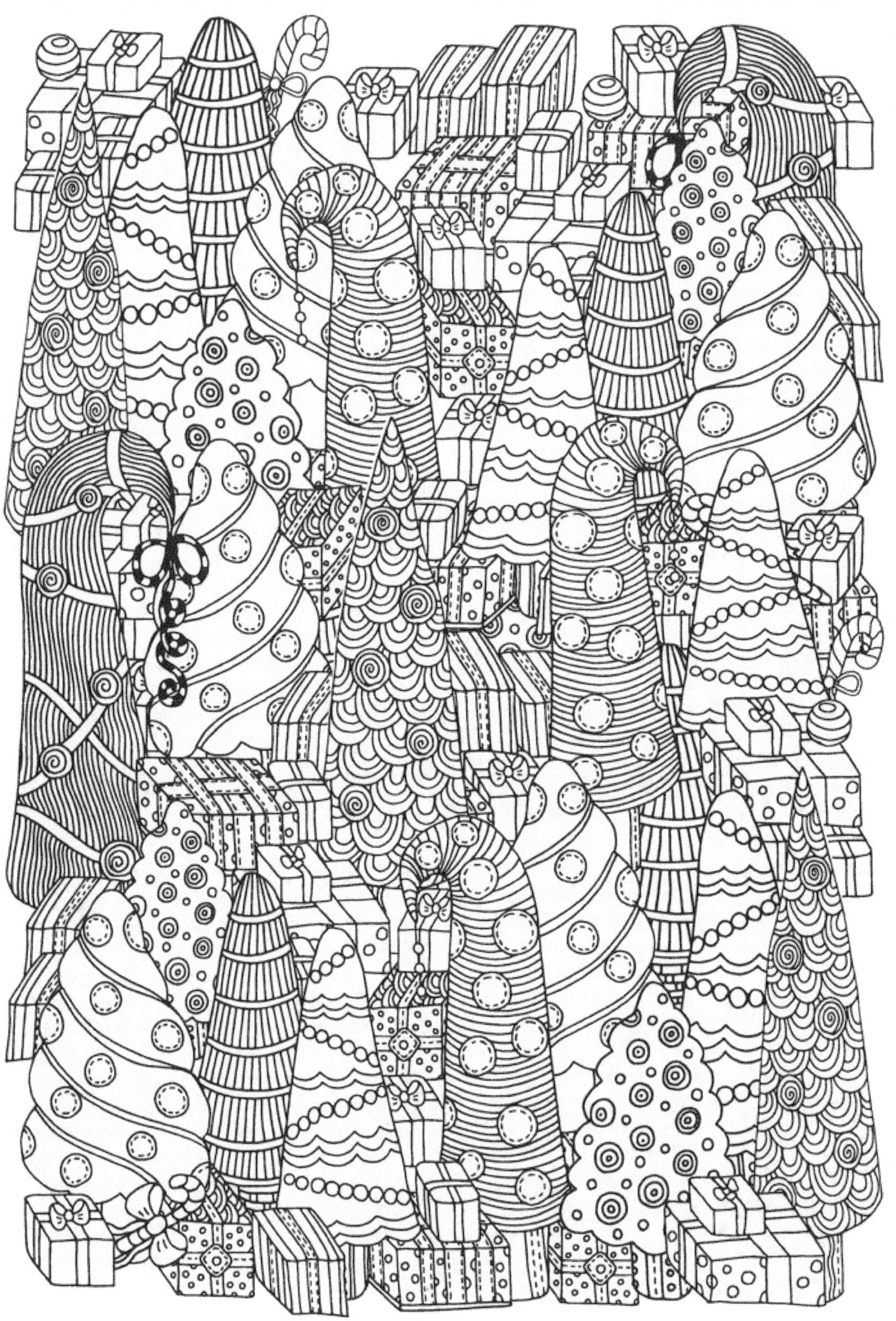

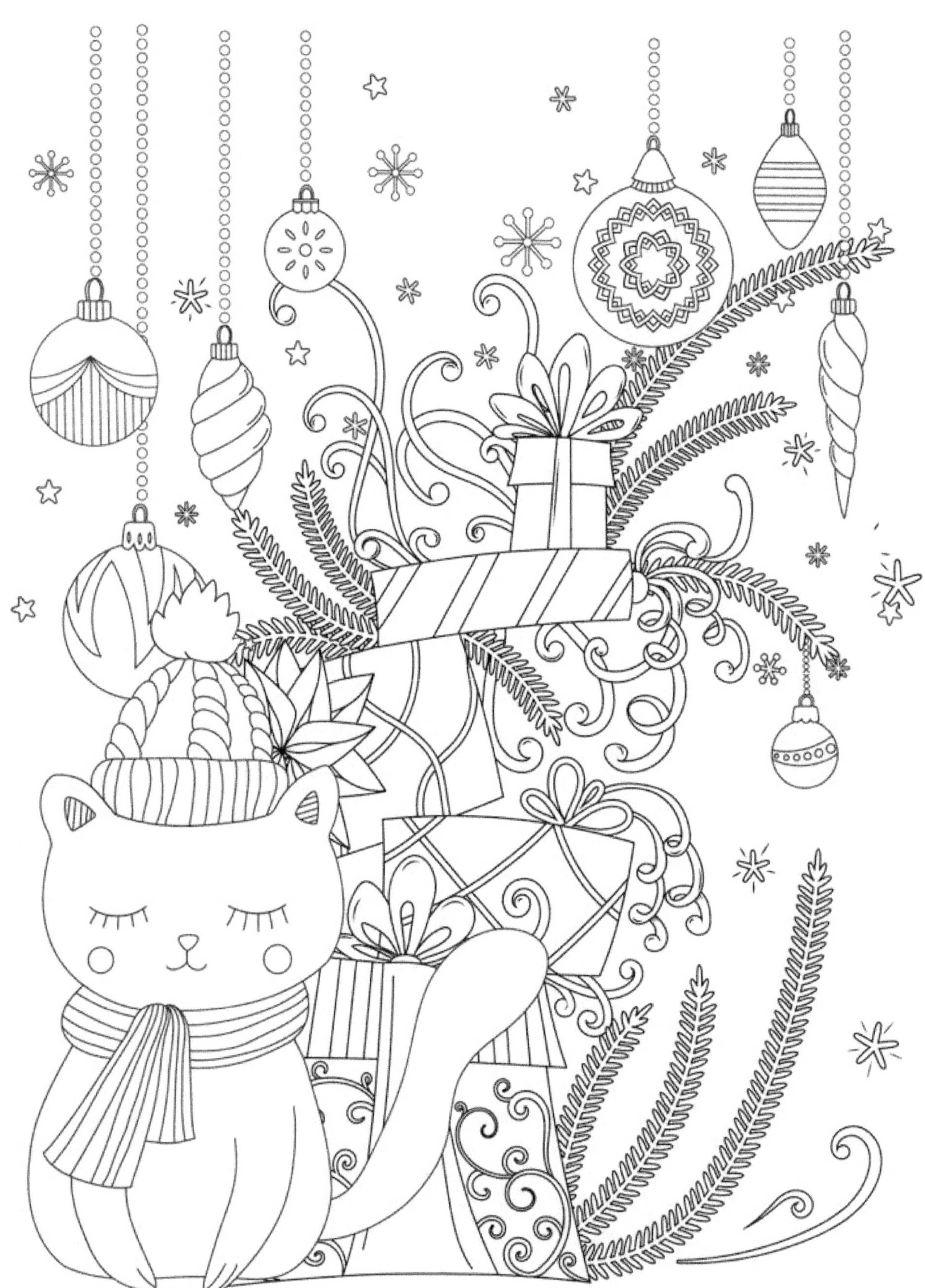

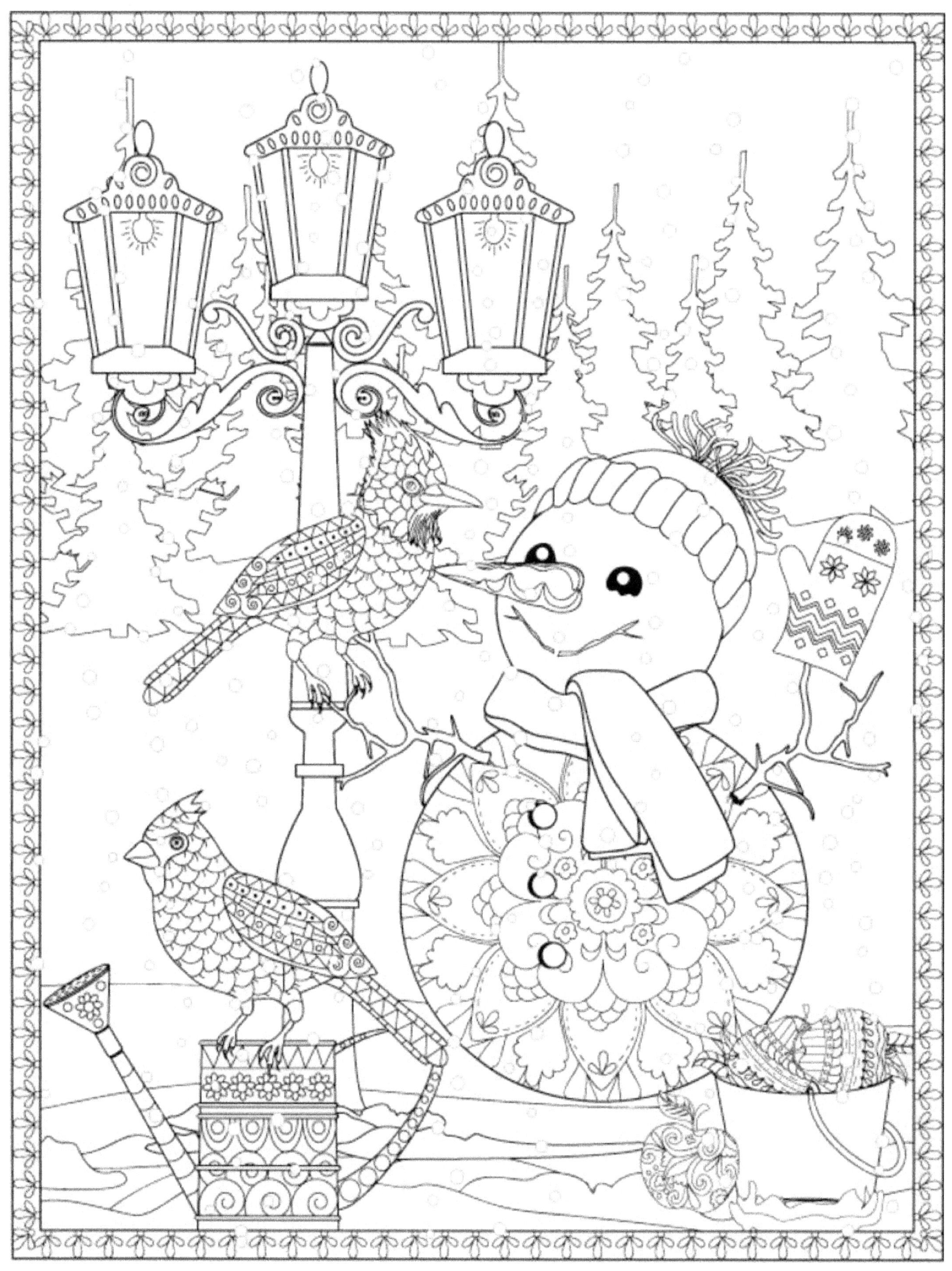

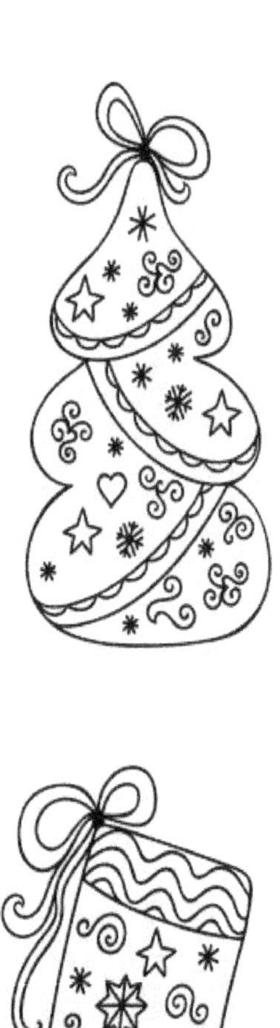
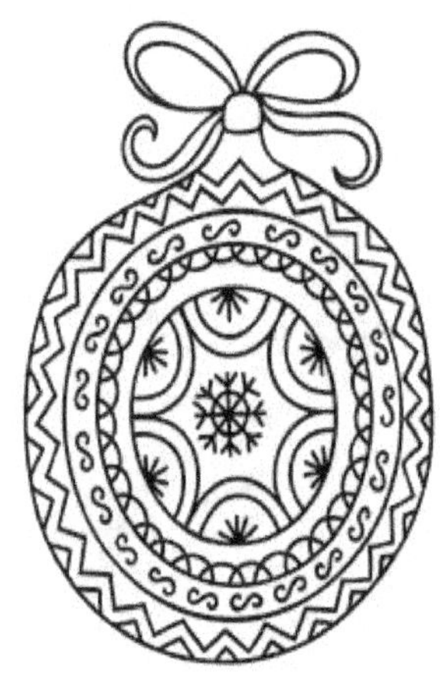
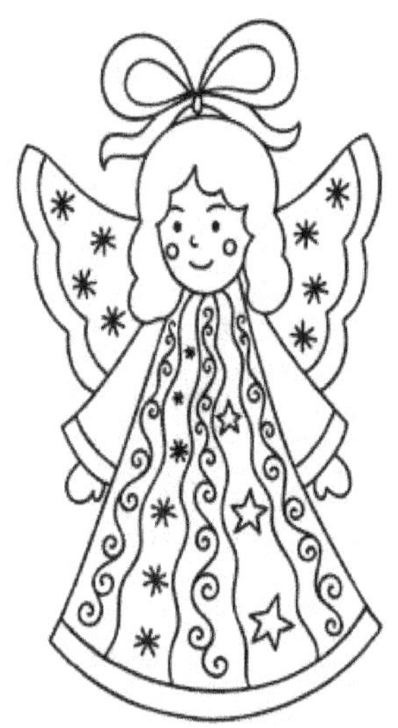
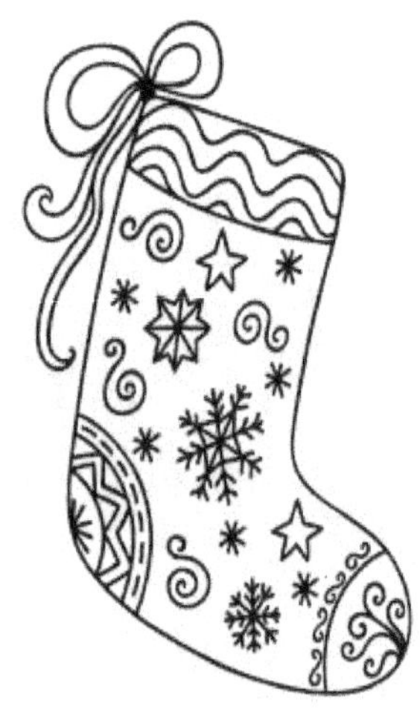
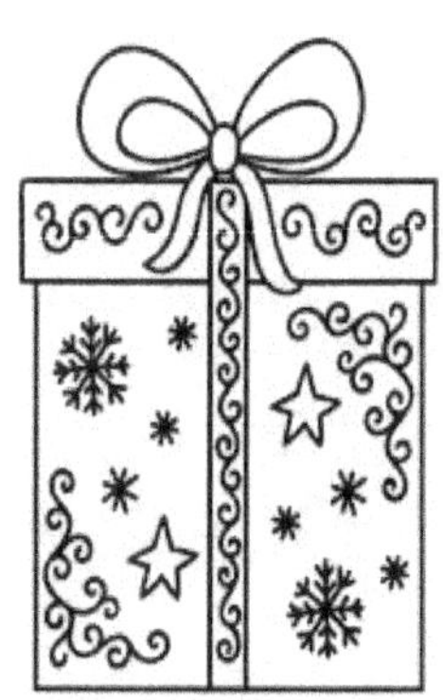
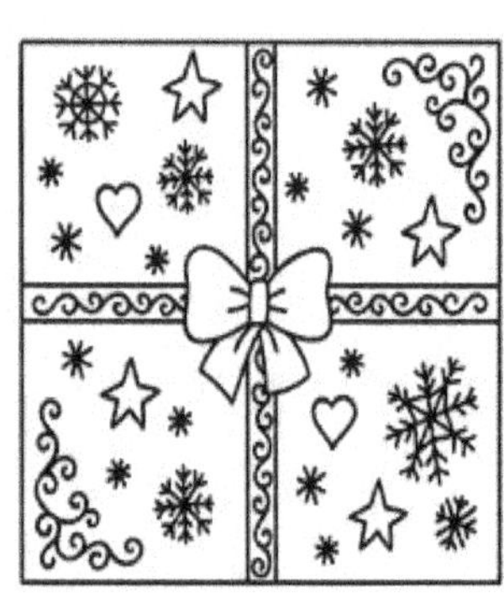
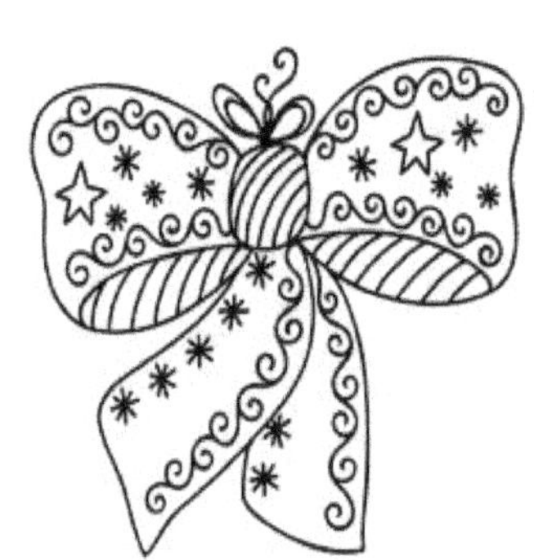
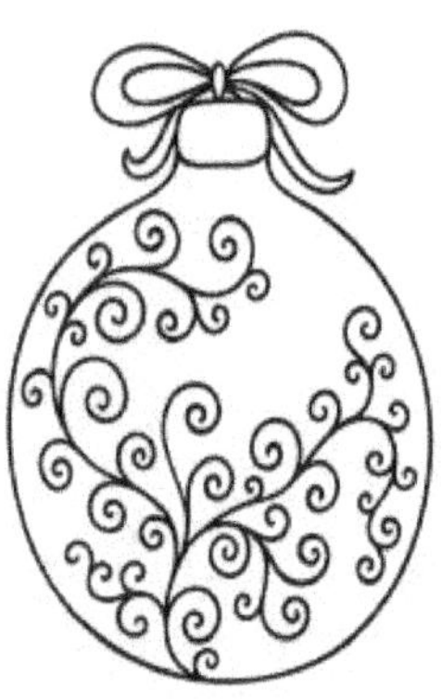

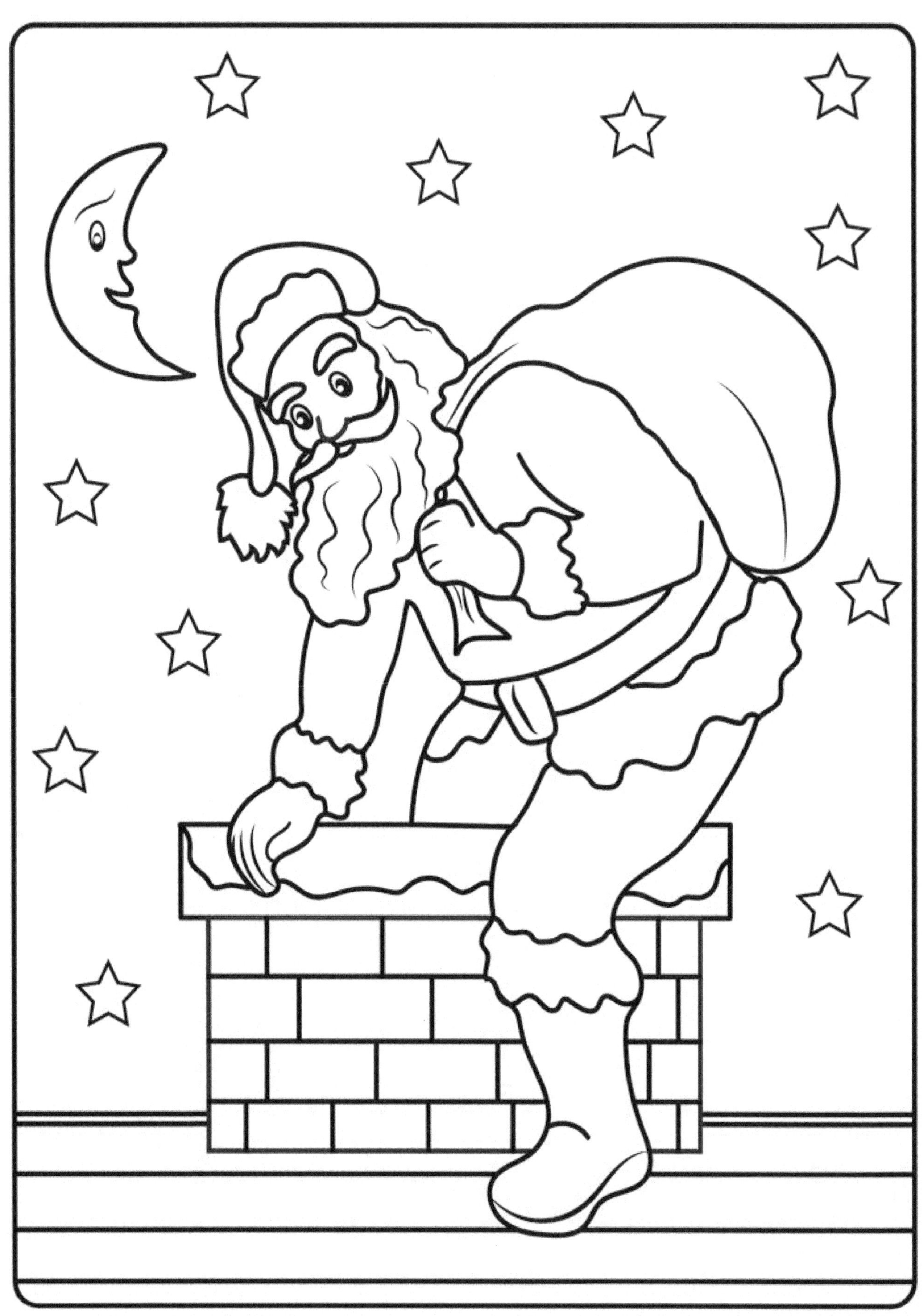

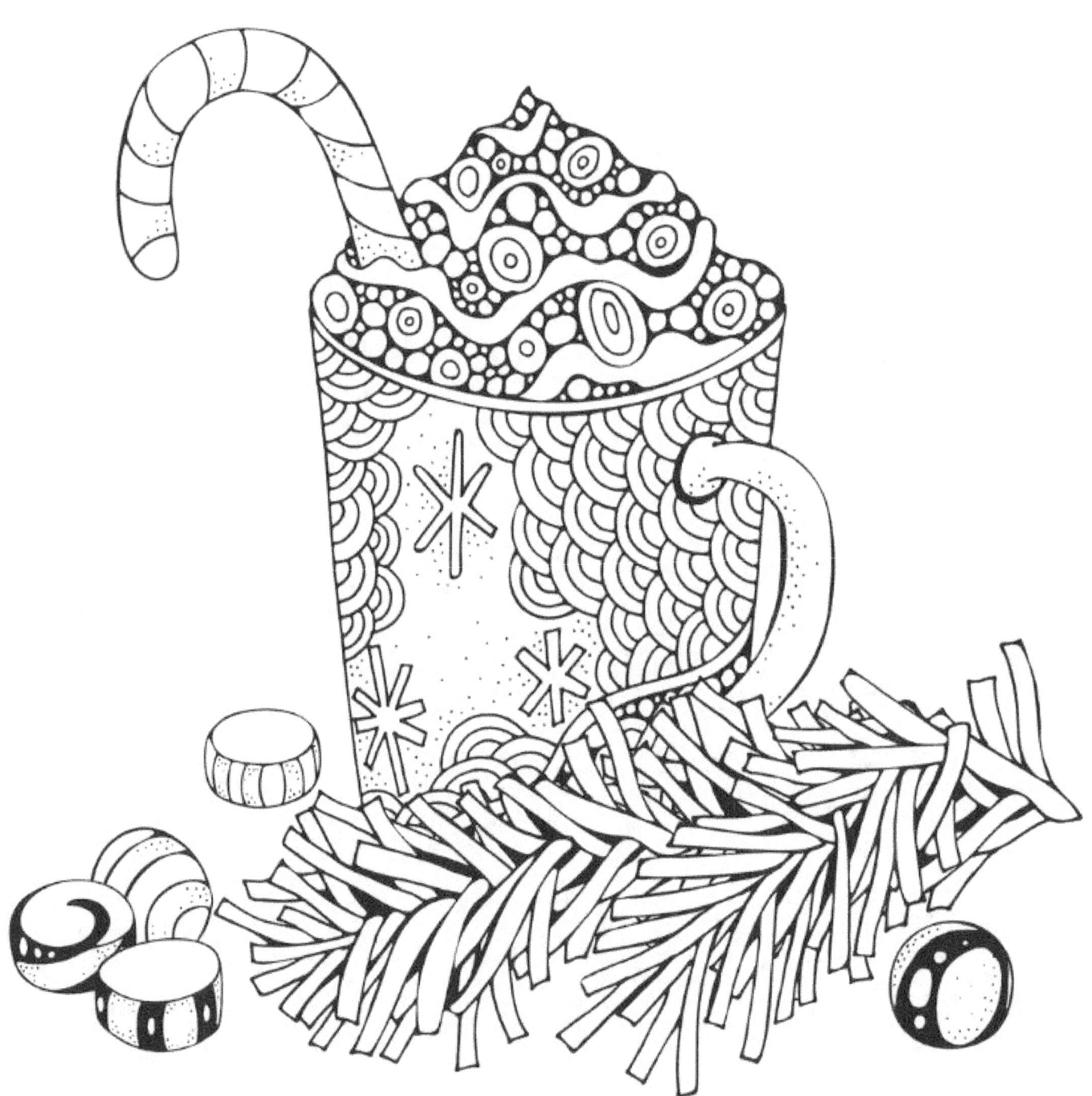

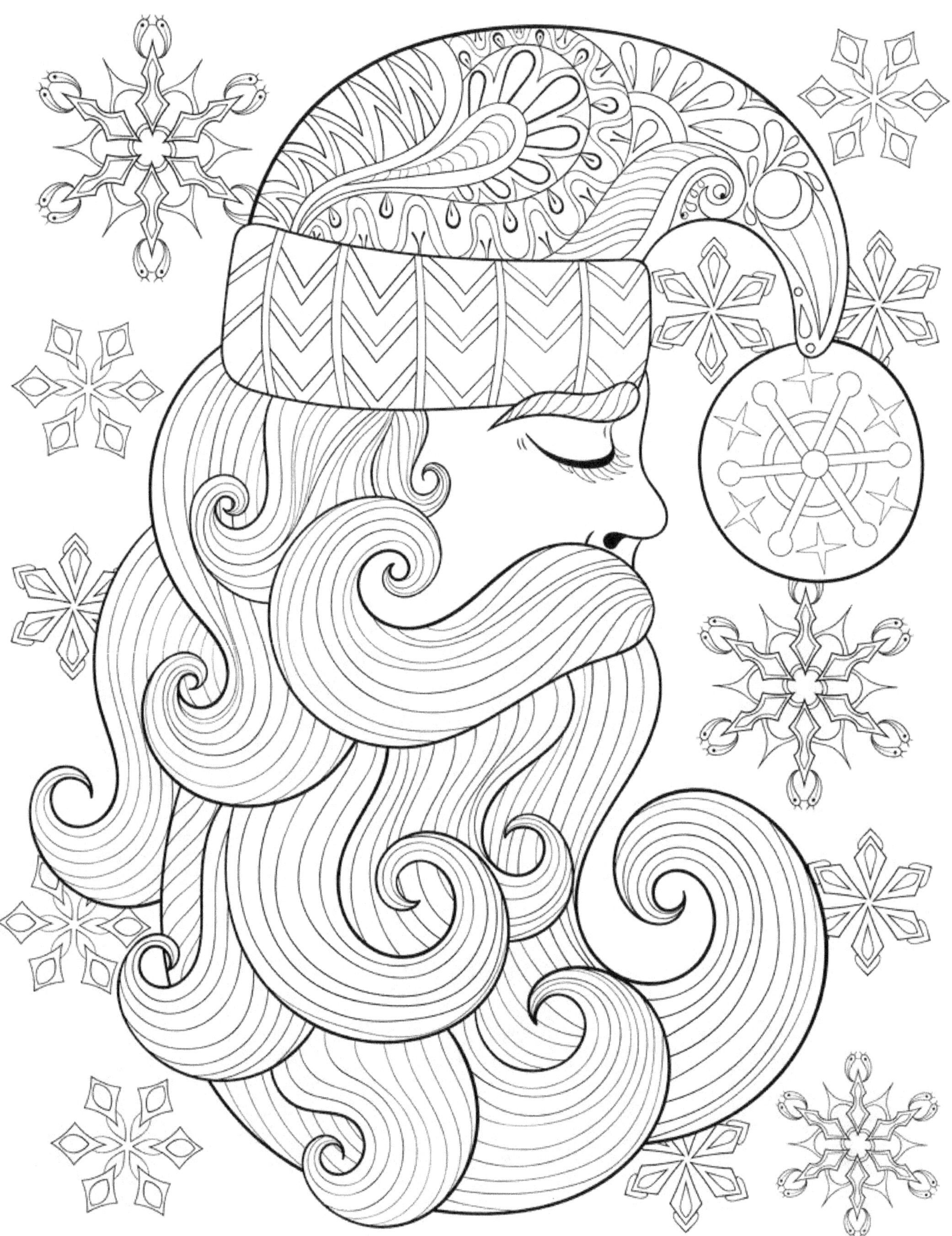

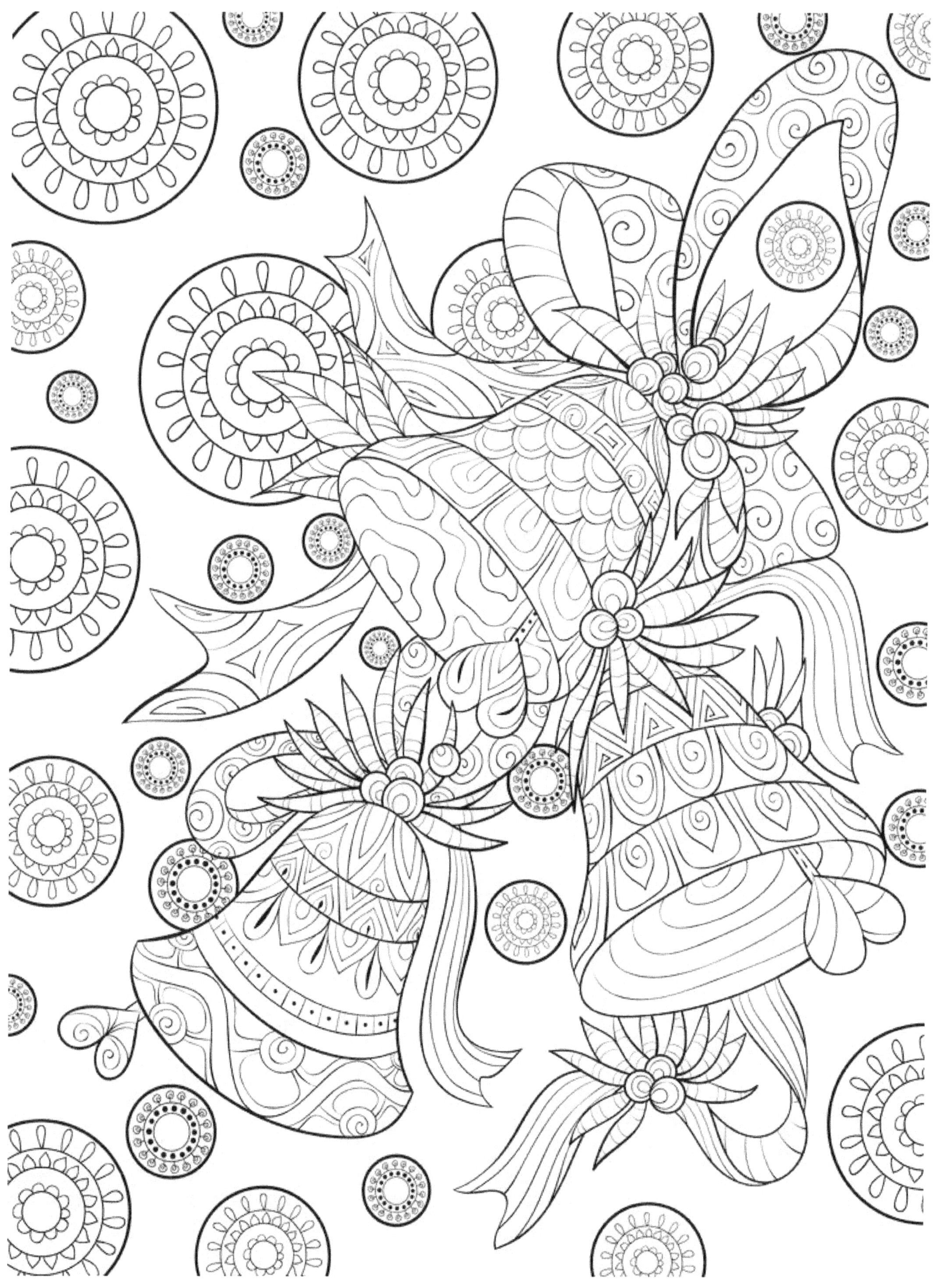

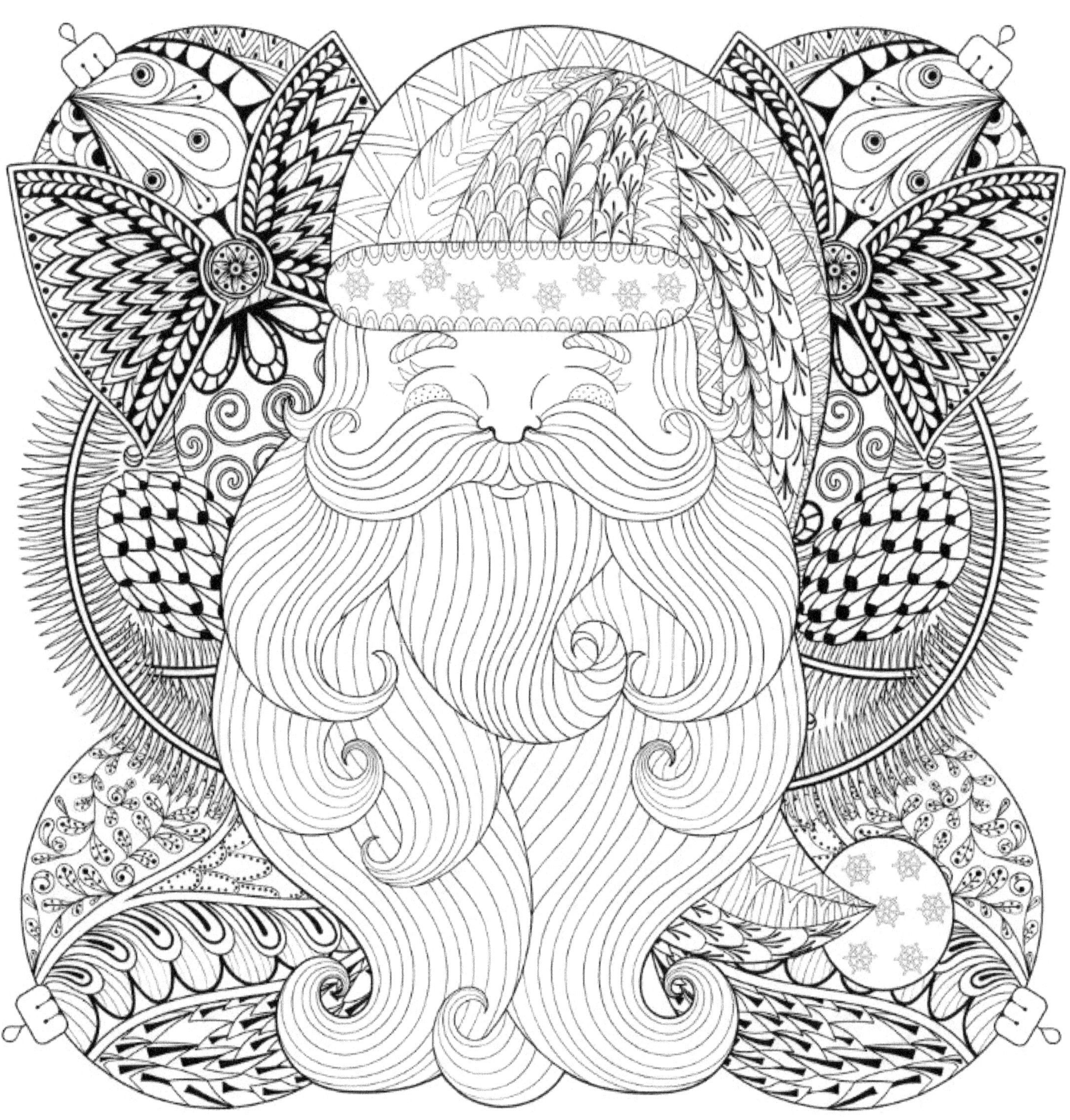

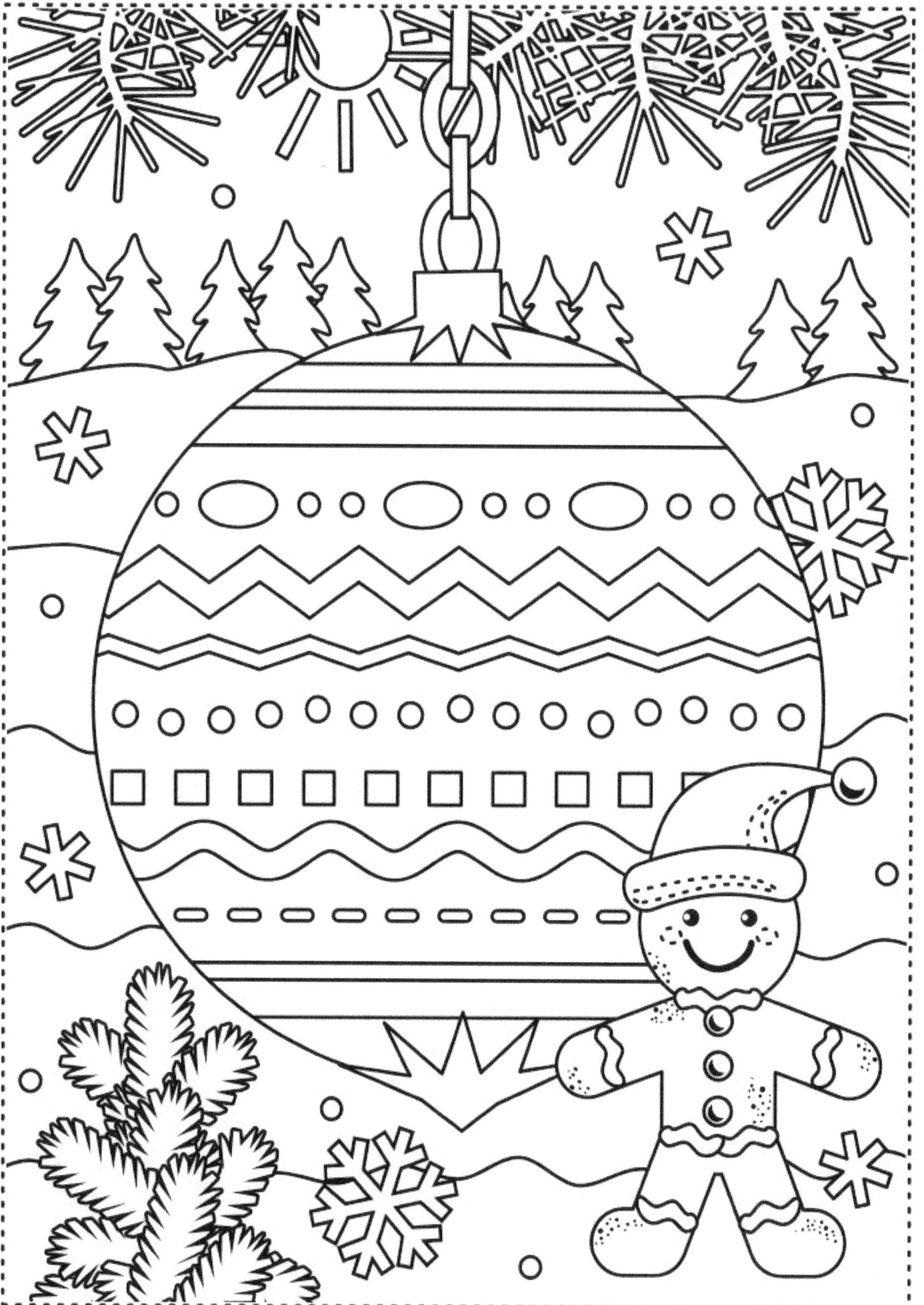

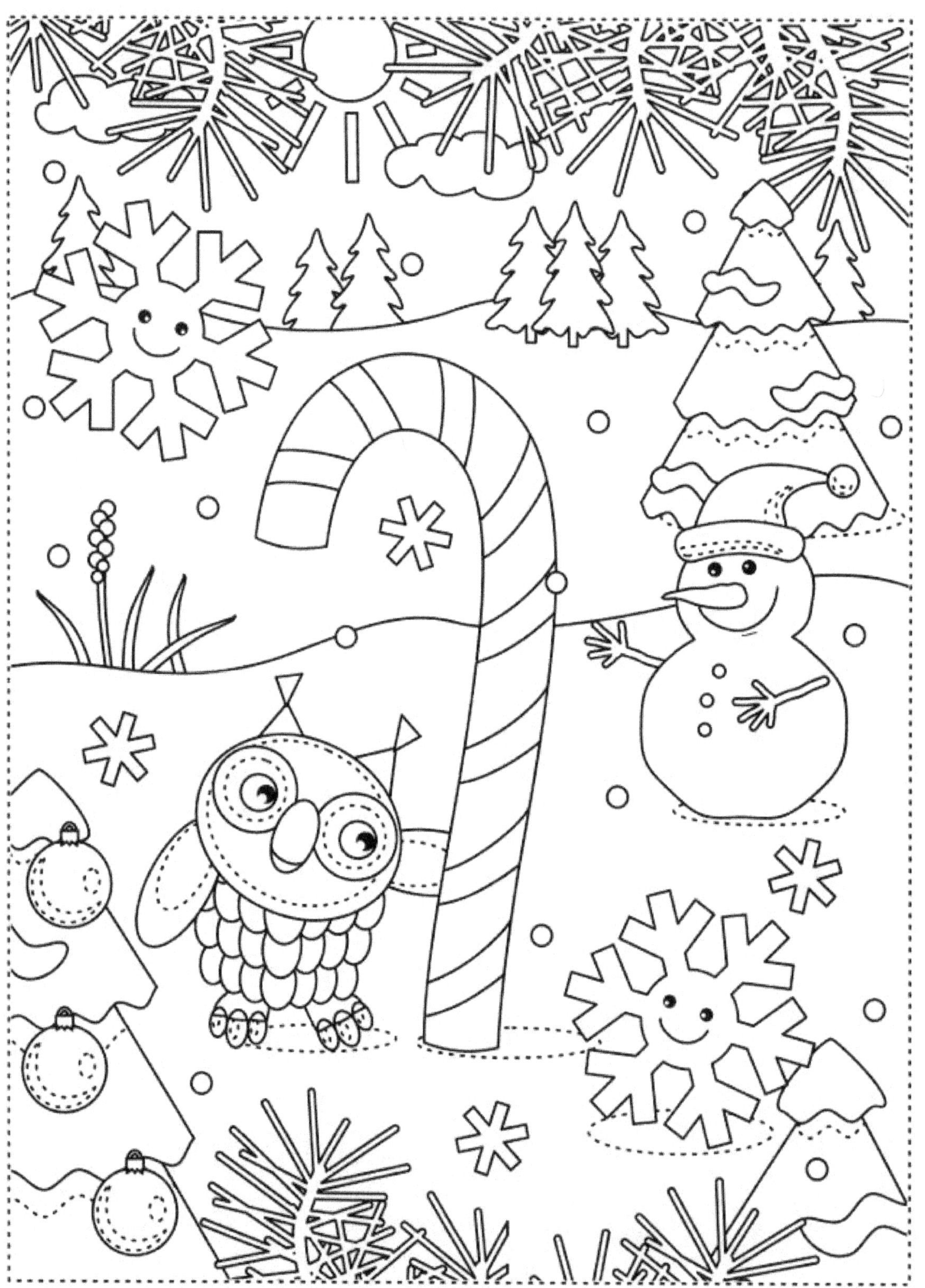

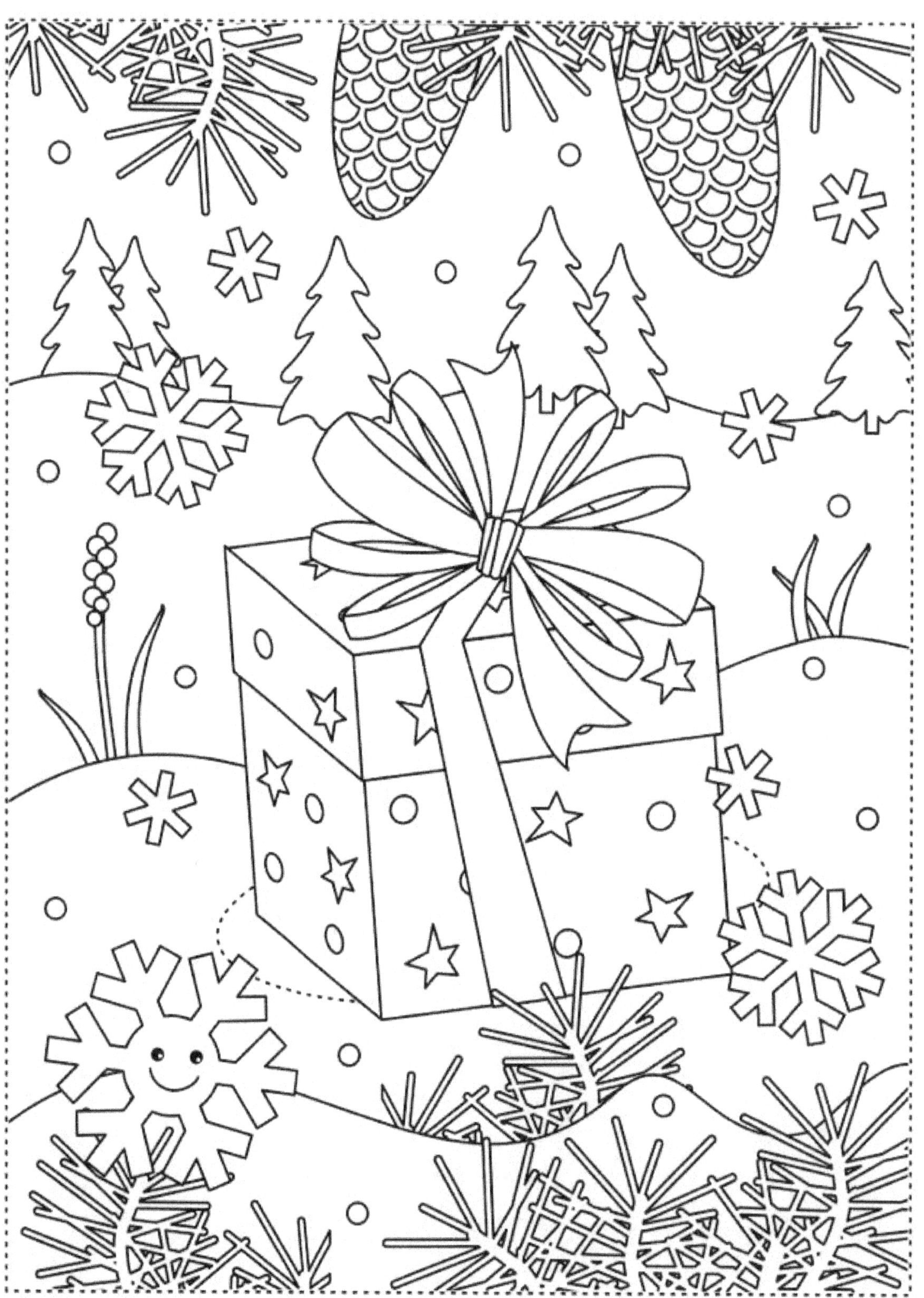

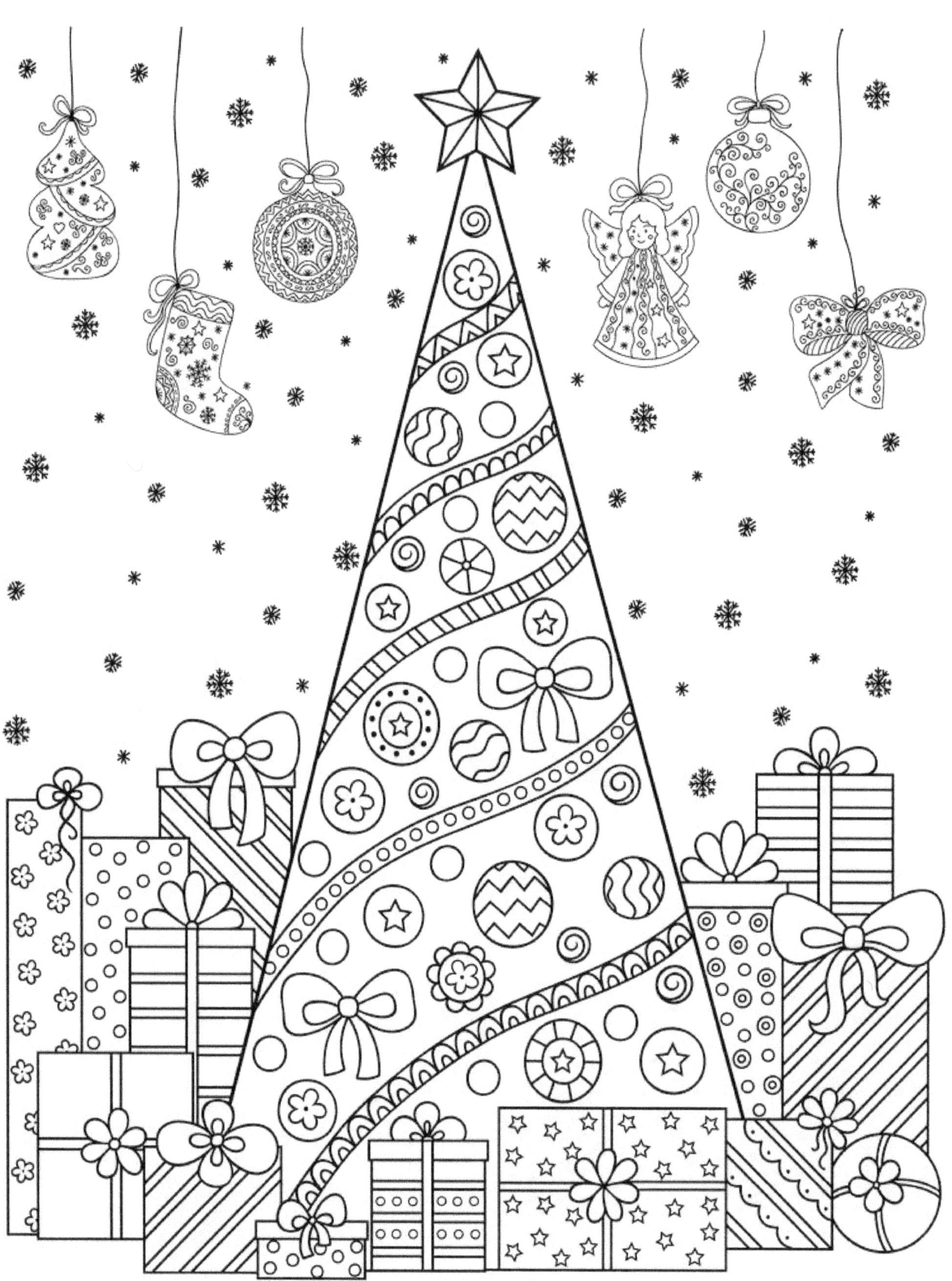

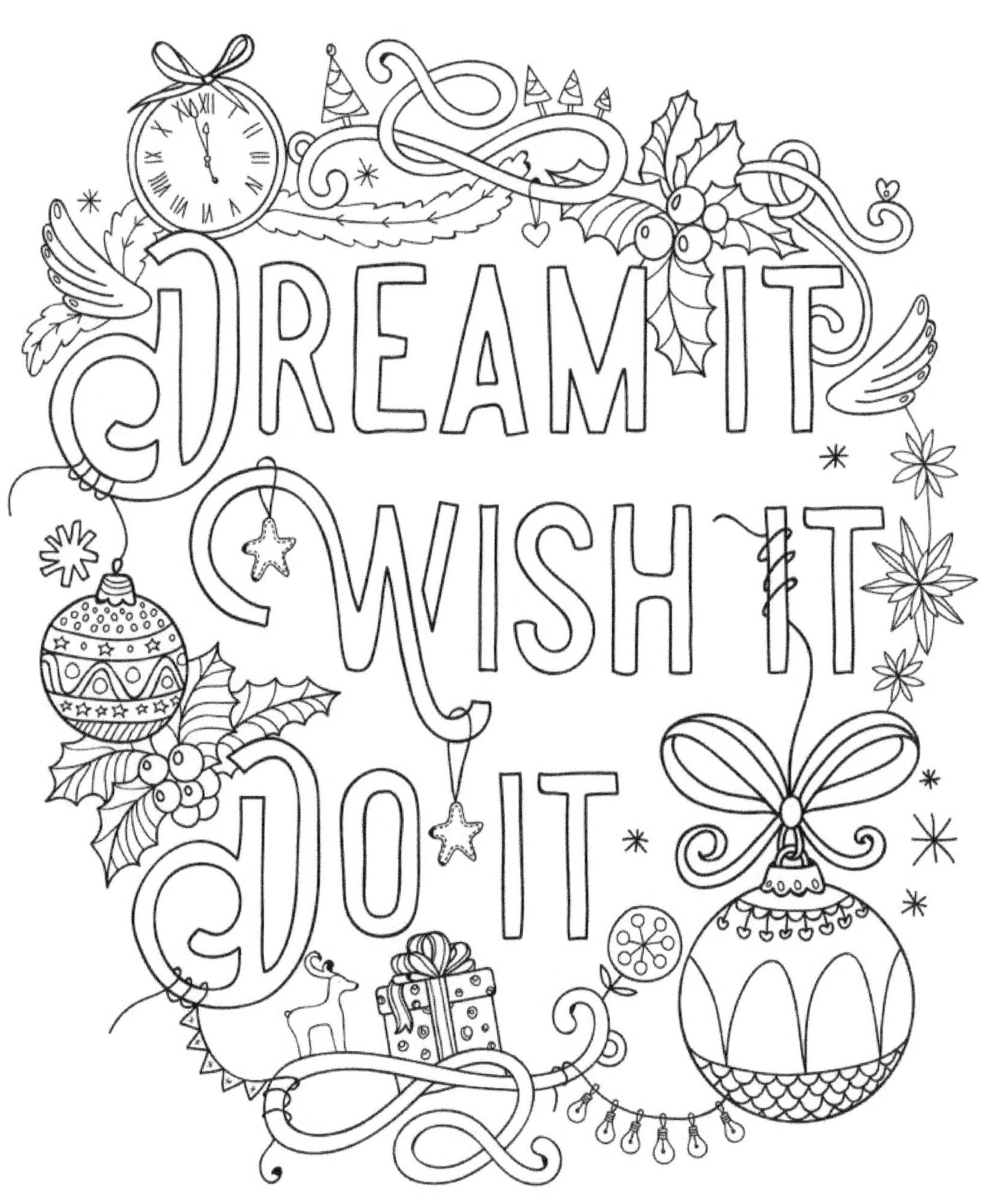
DREAM IT
WISH IT
DO IT

Merry Christmas

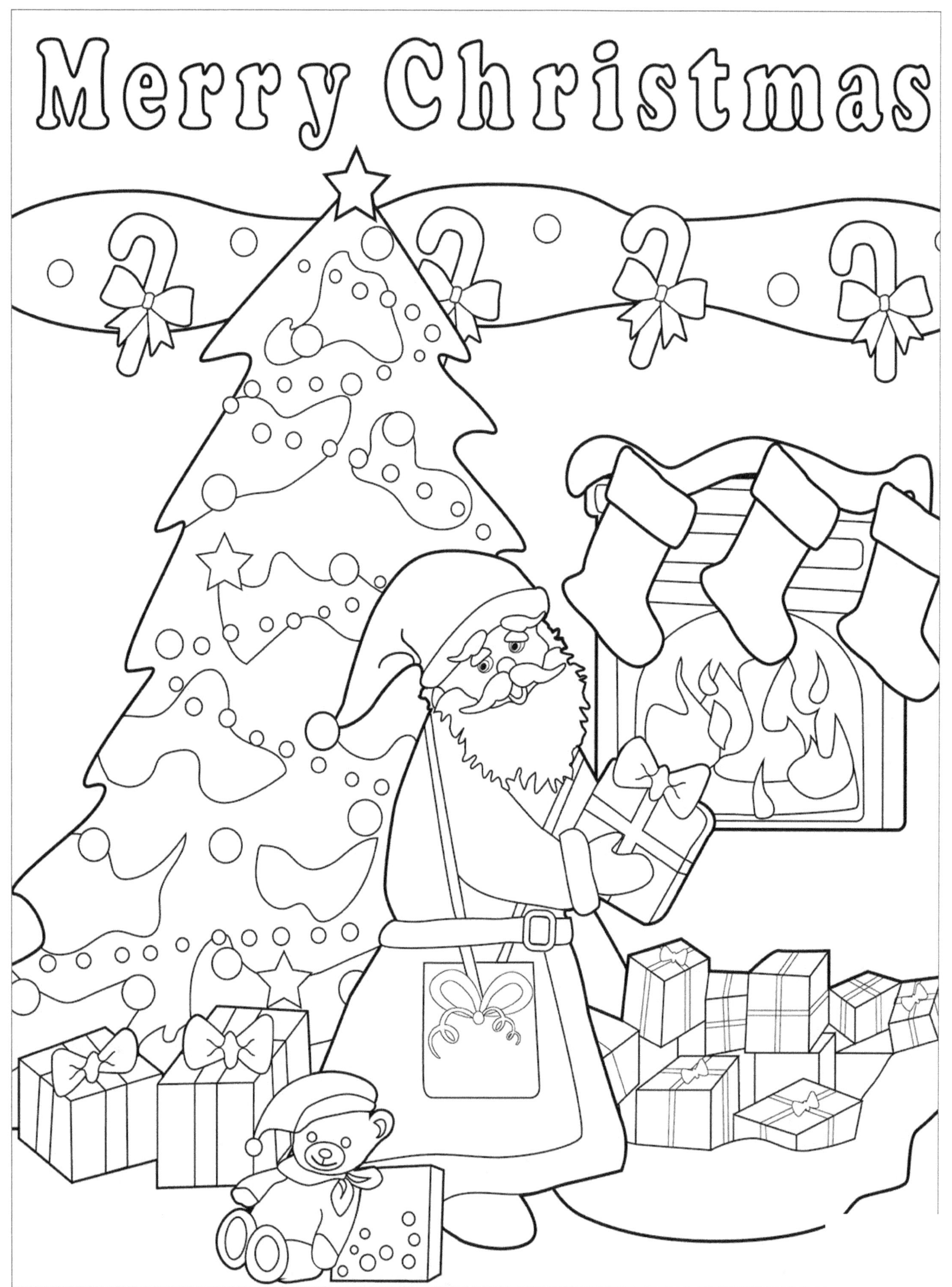

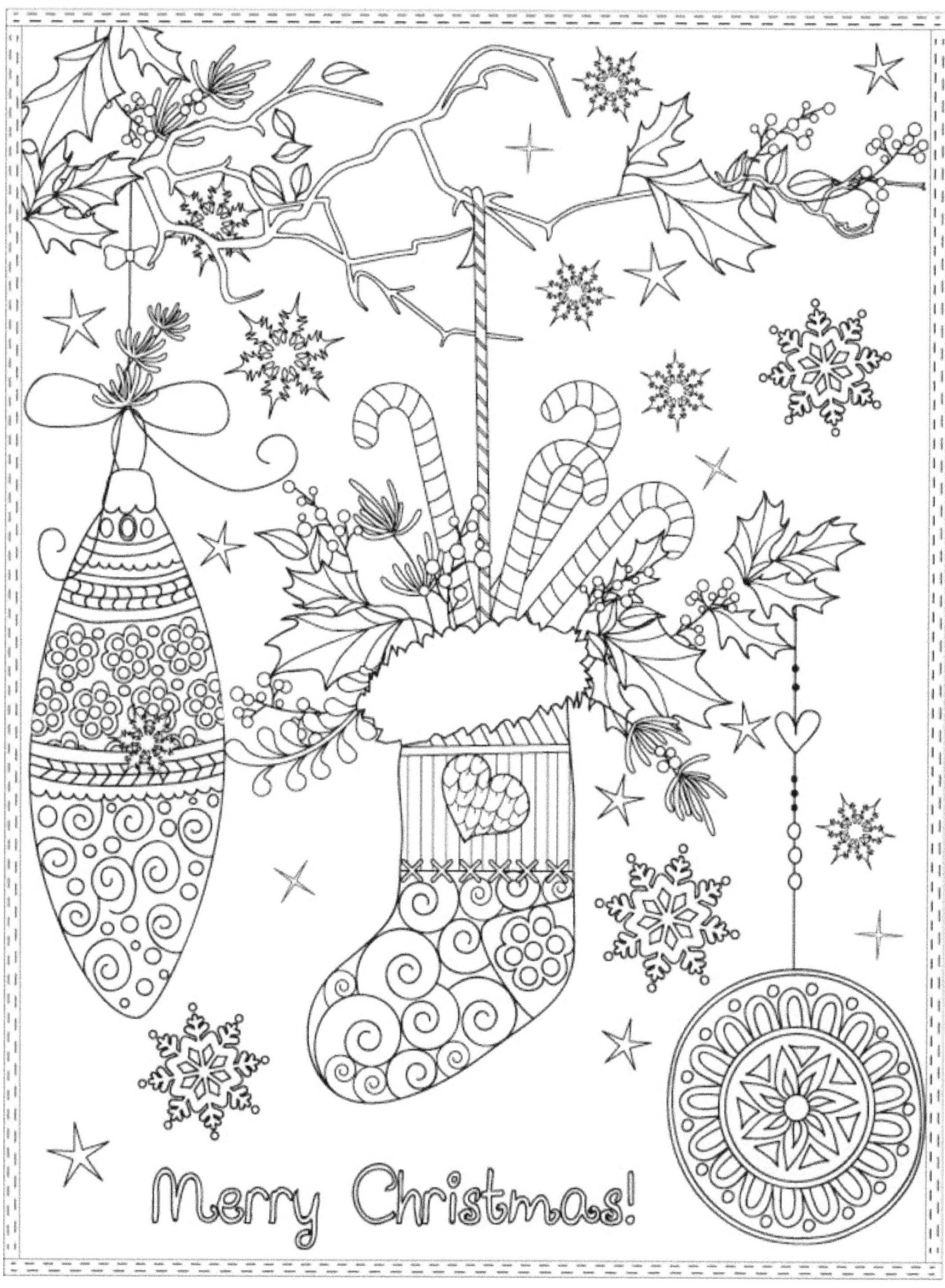

Merry Christmas!

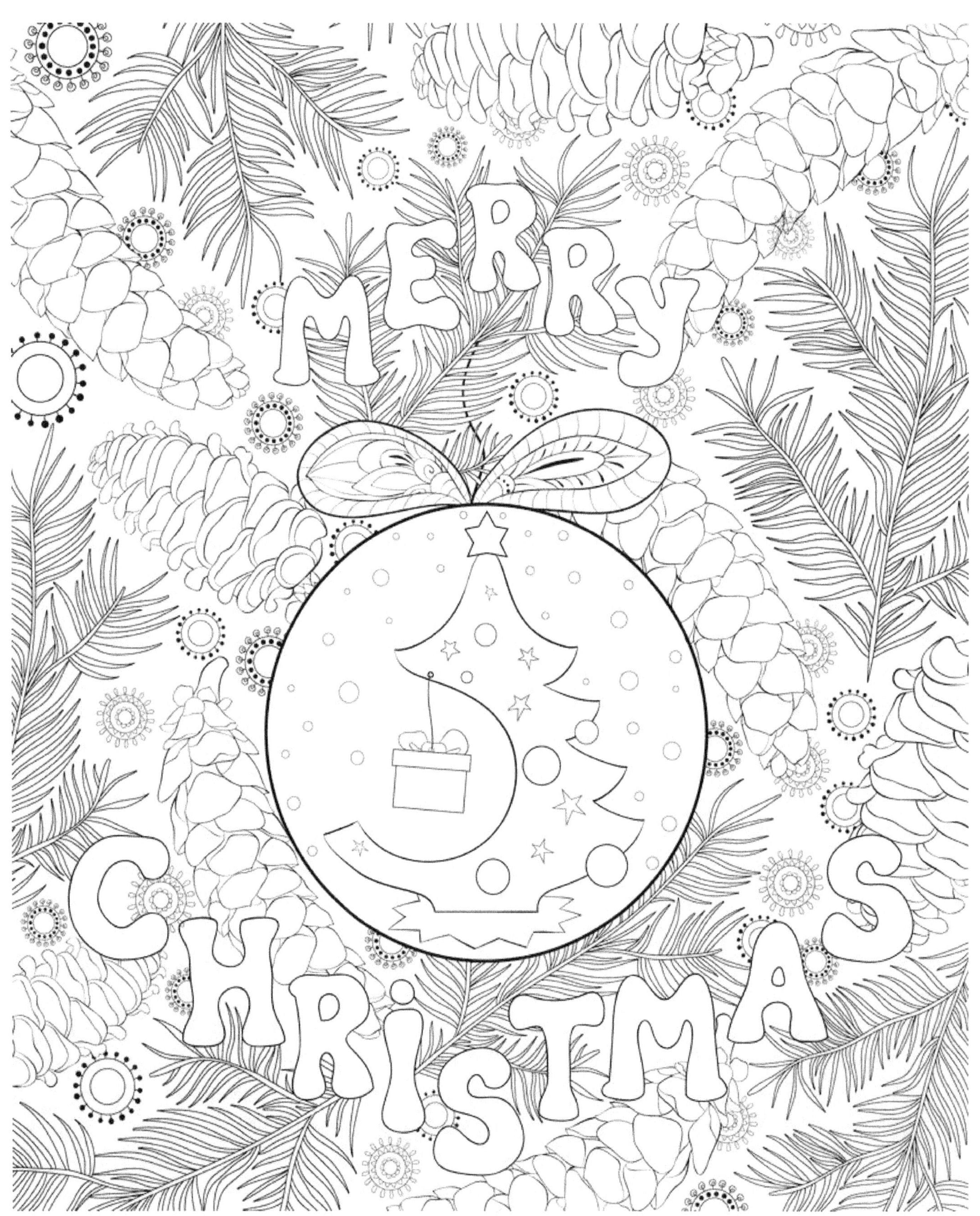

MERRY
CHRISTMAS

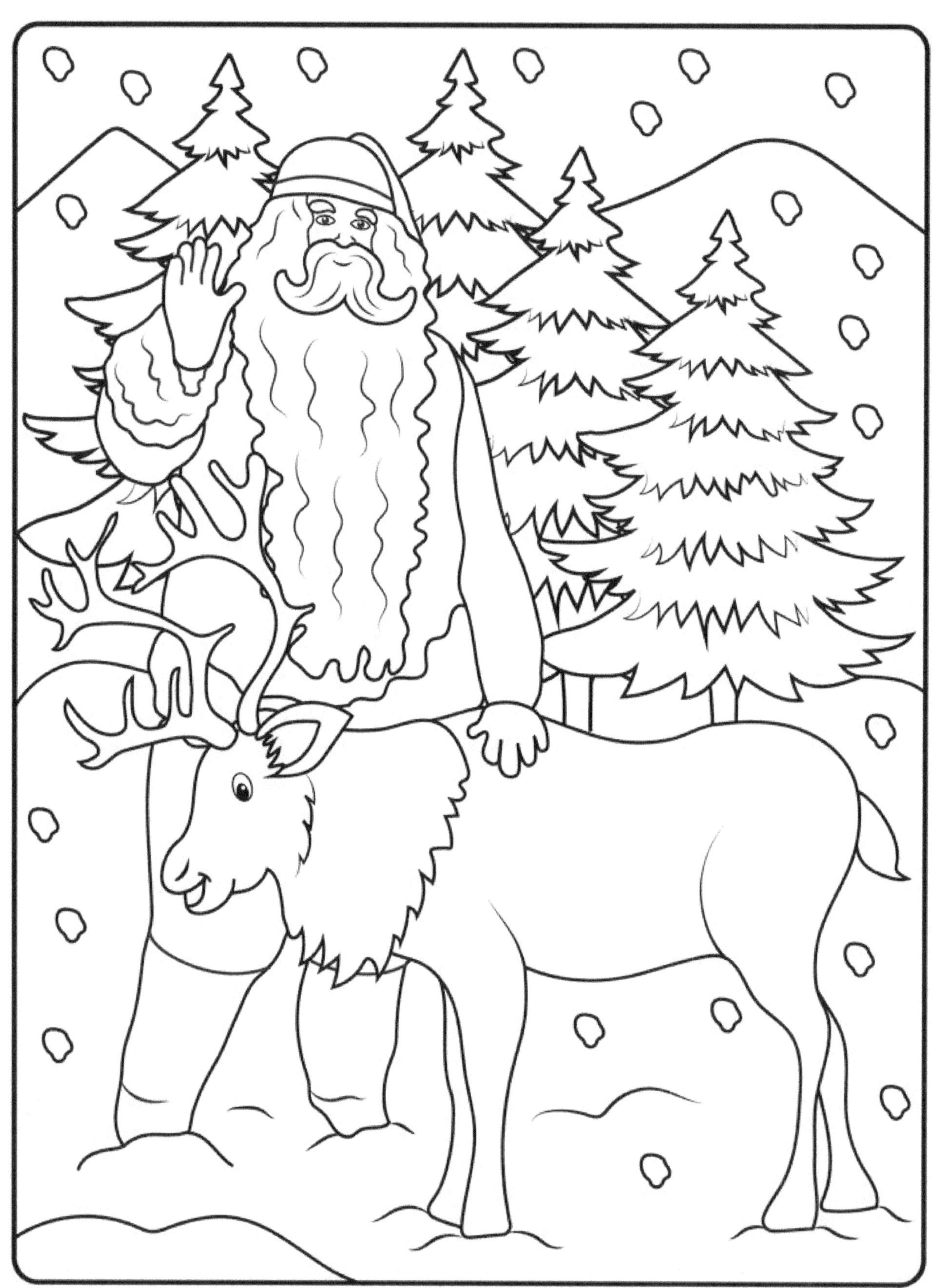

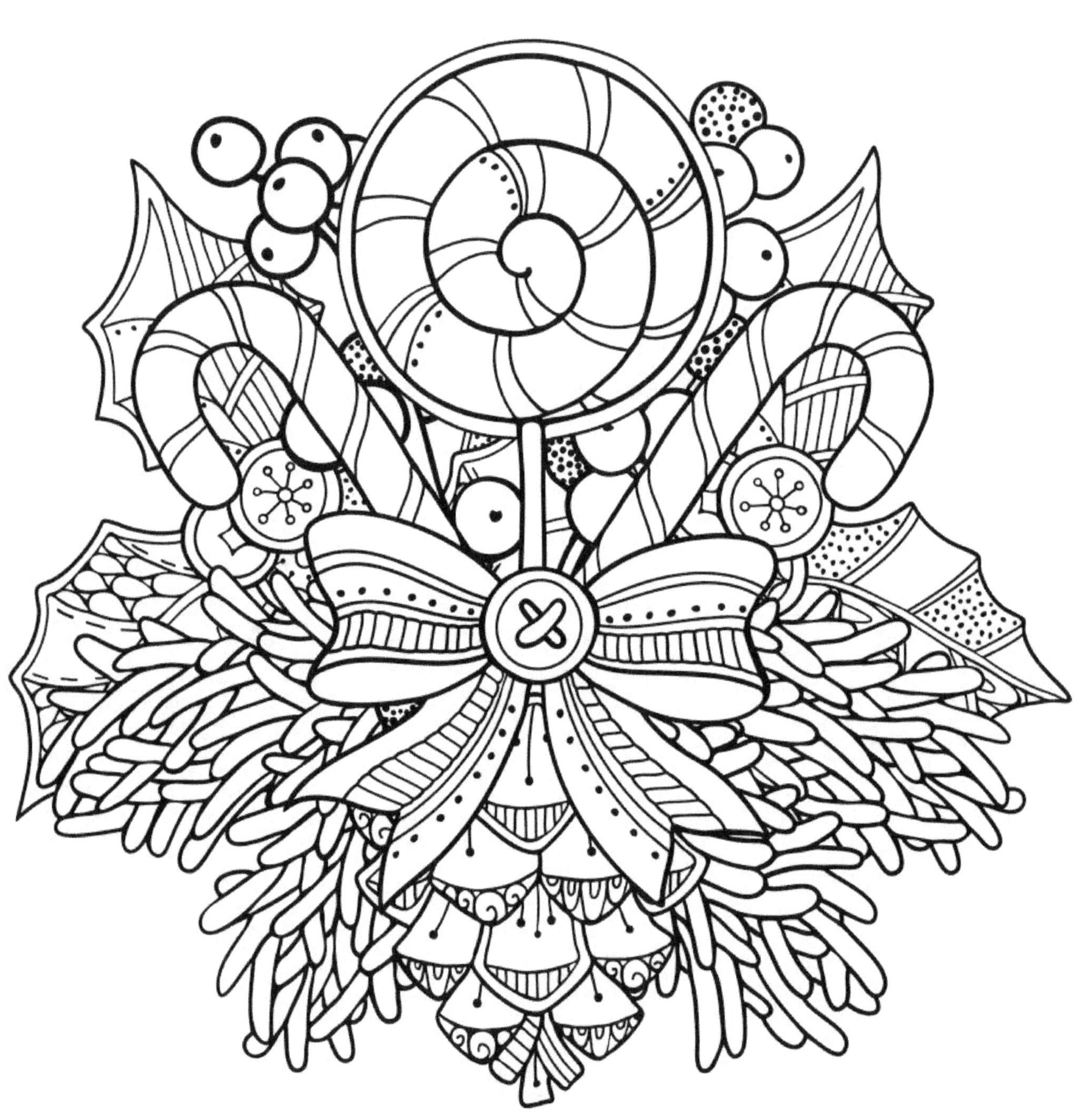

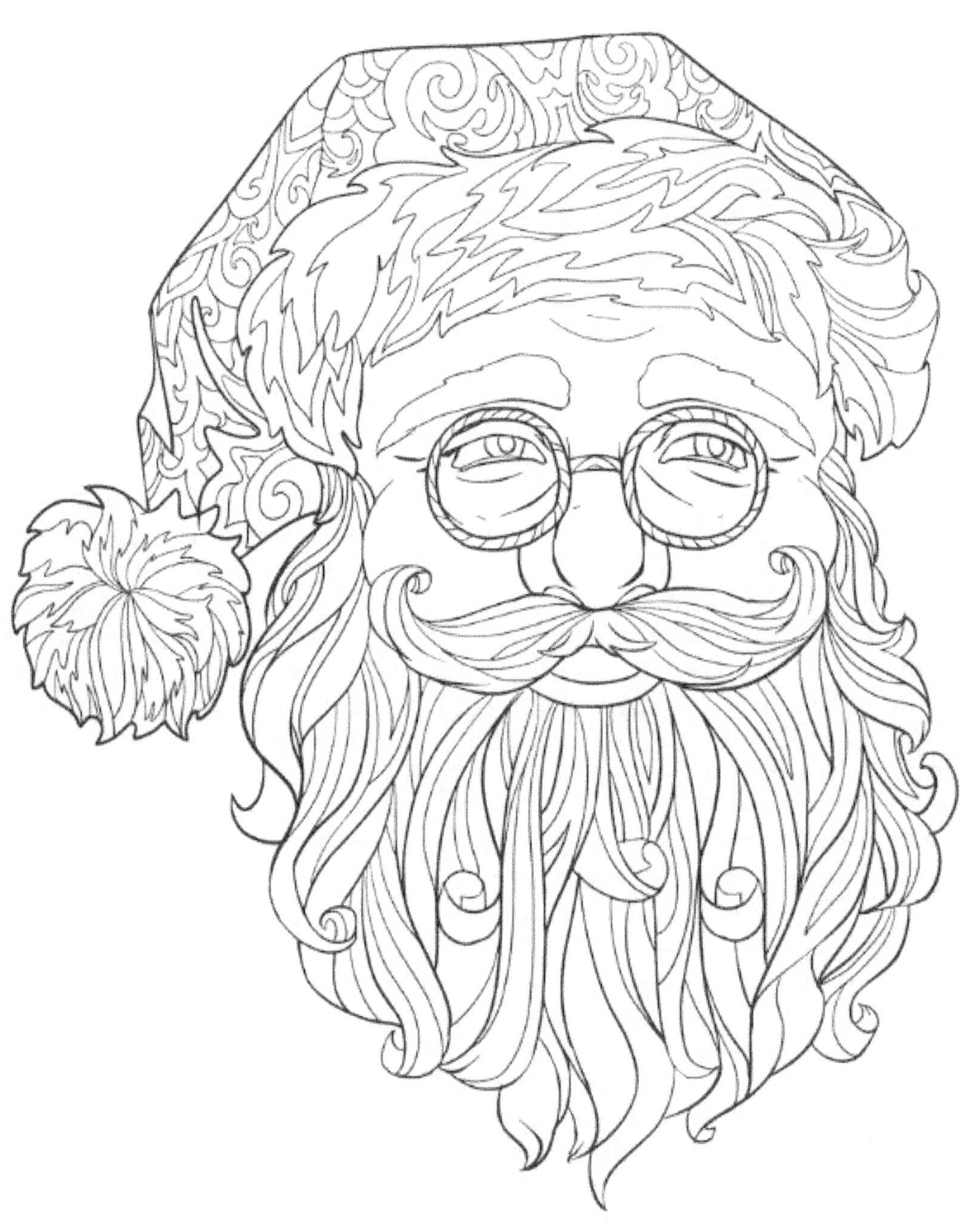

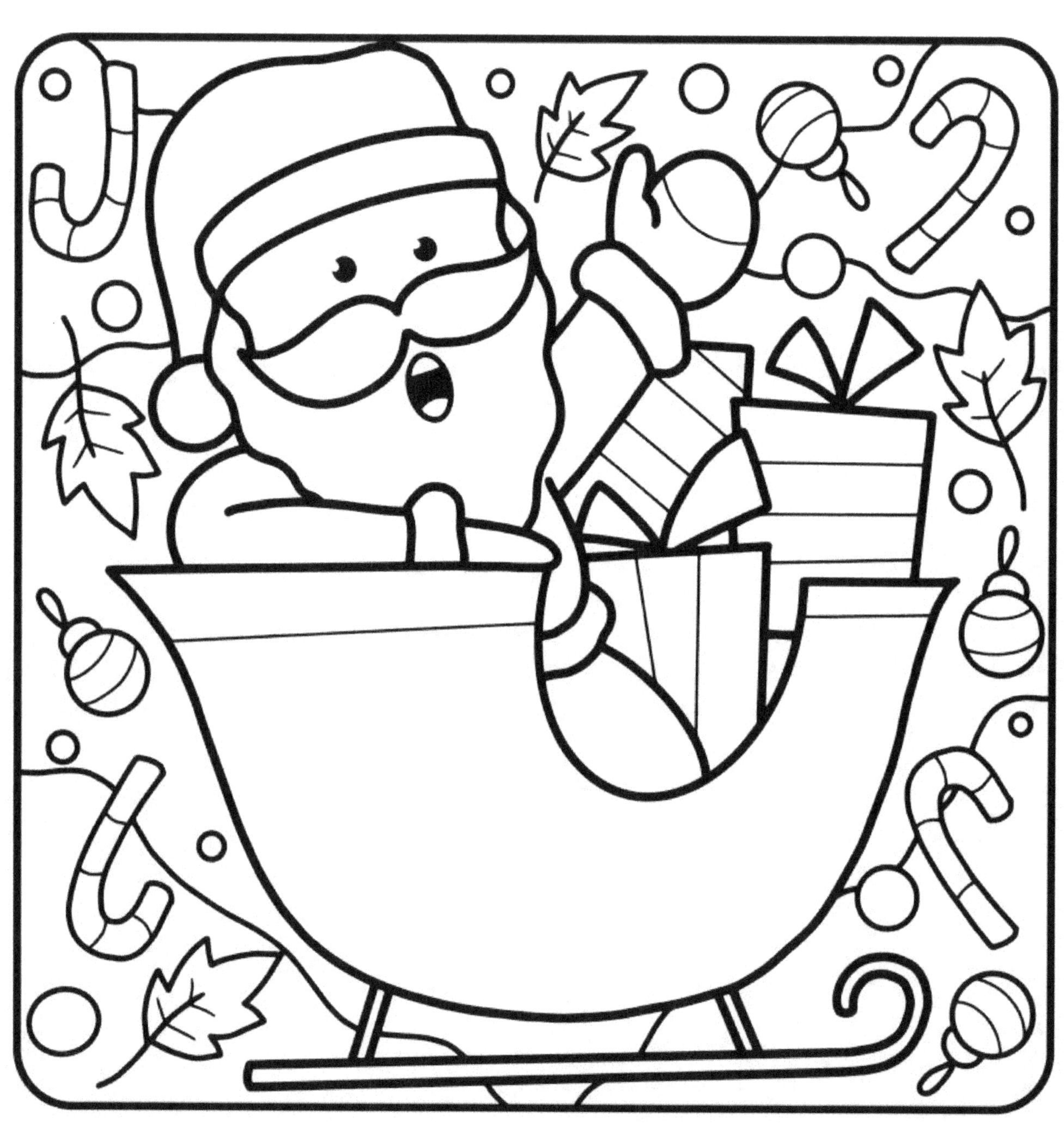

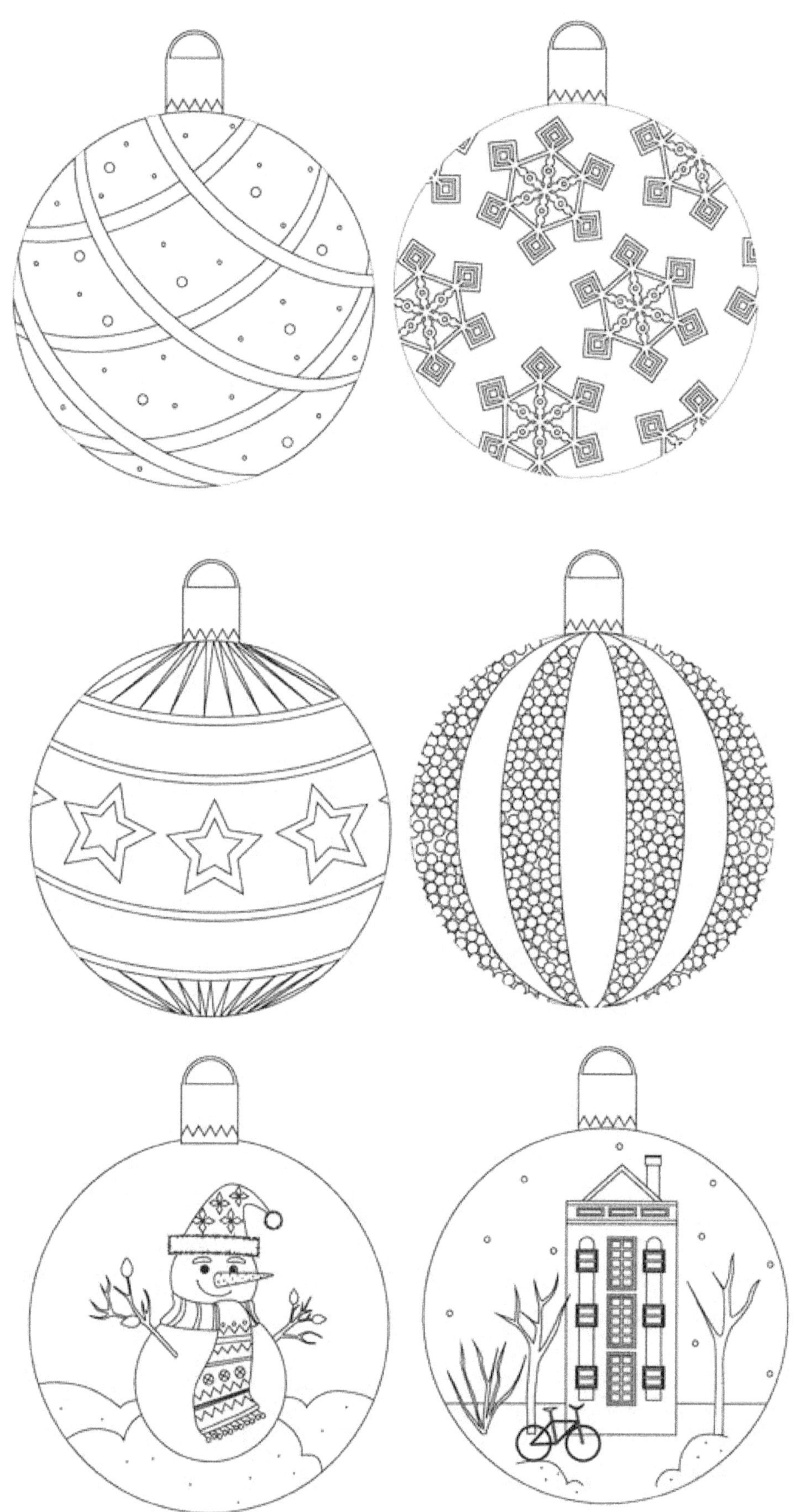

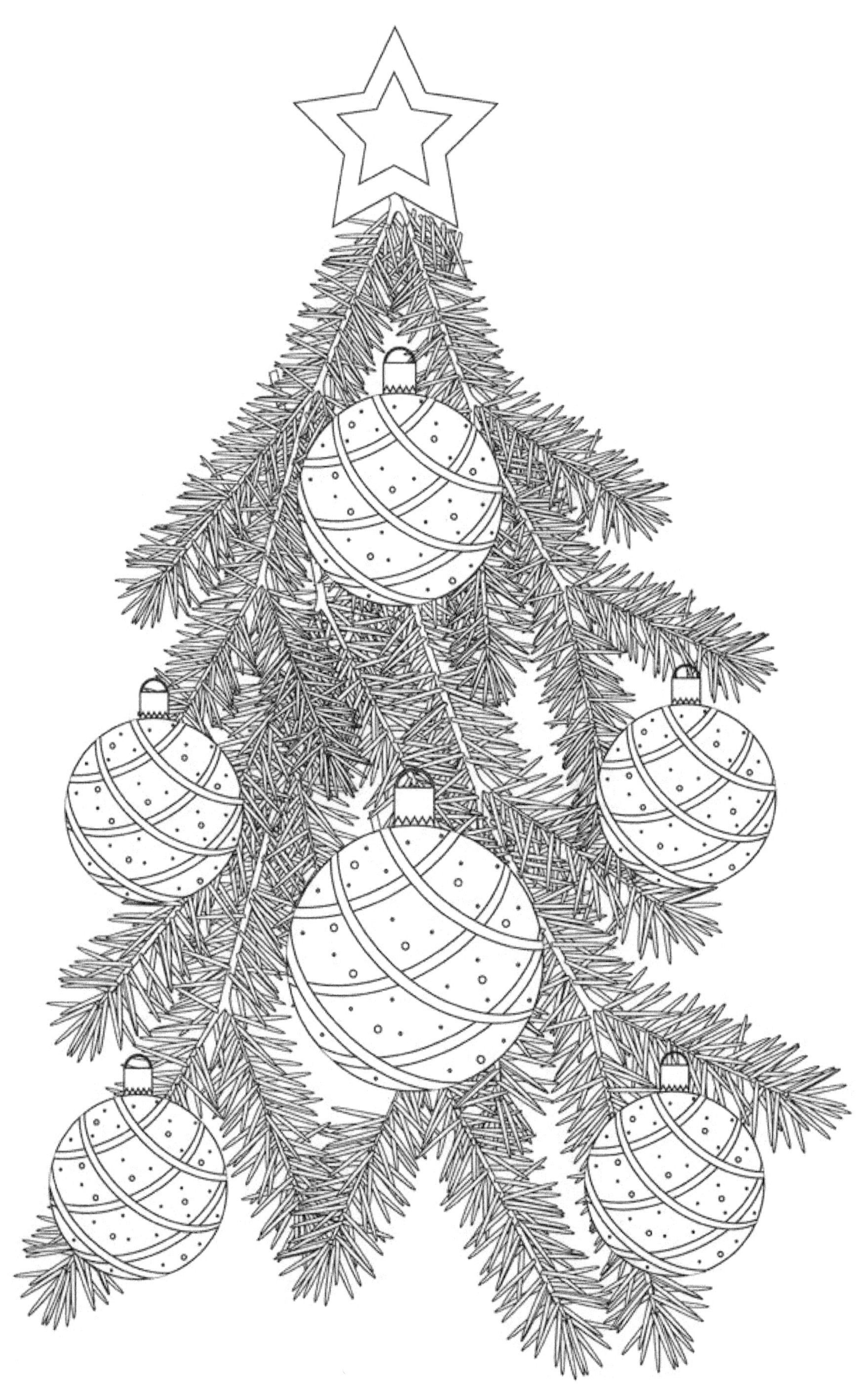

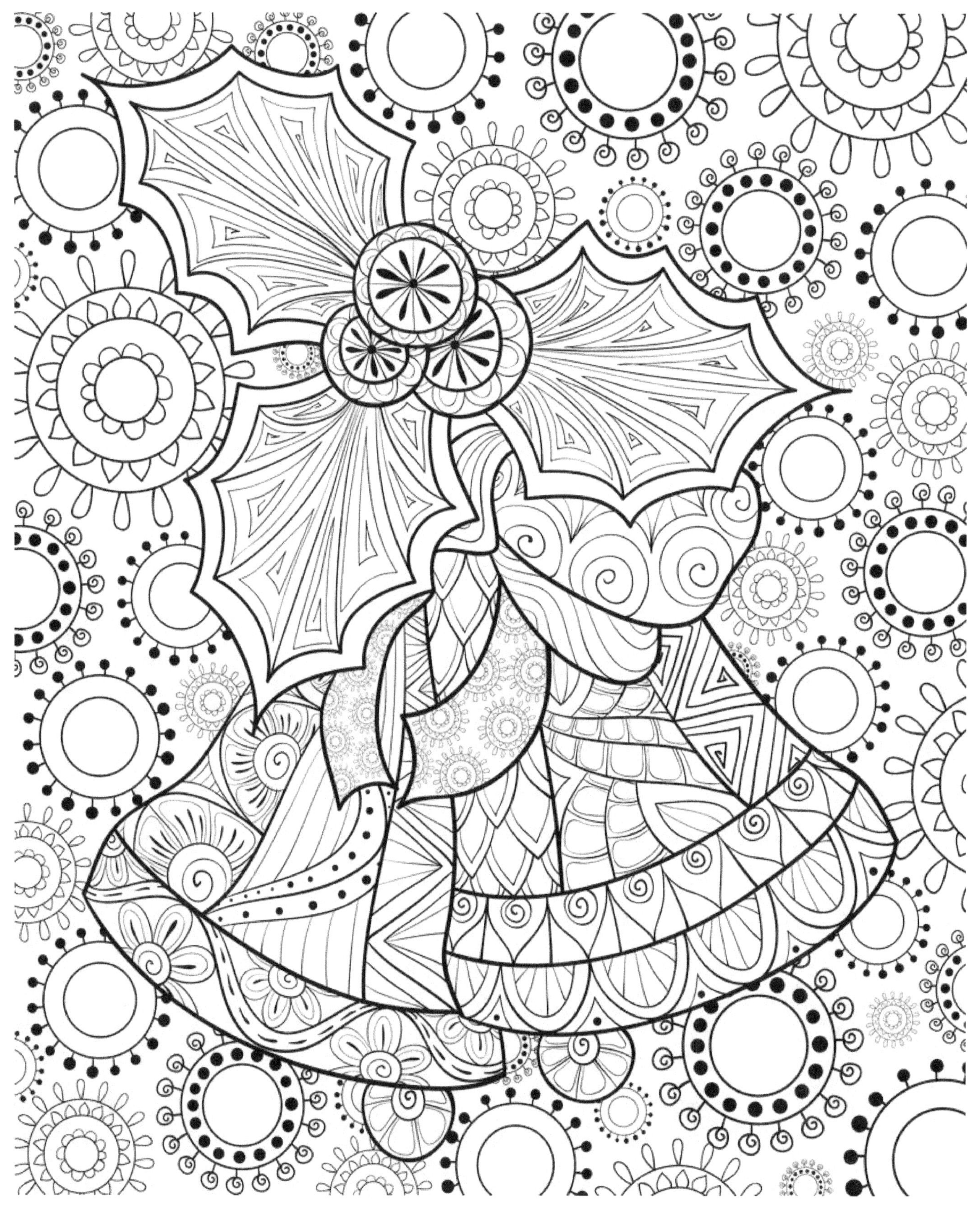

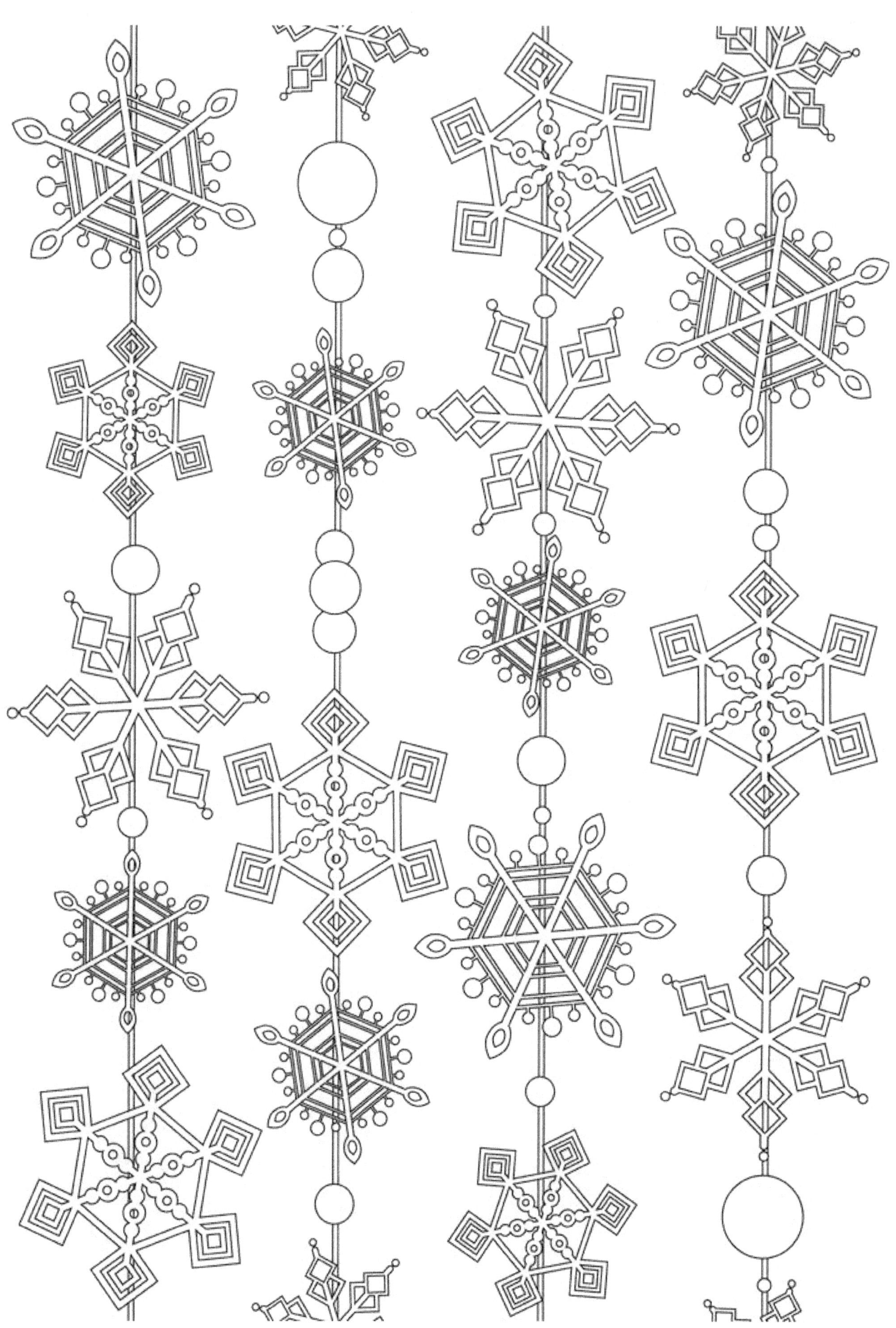

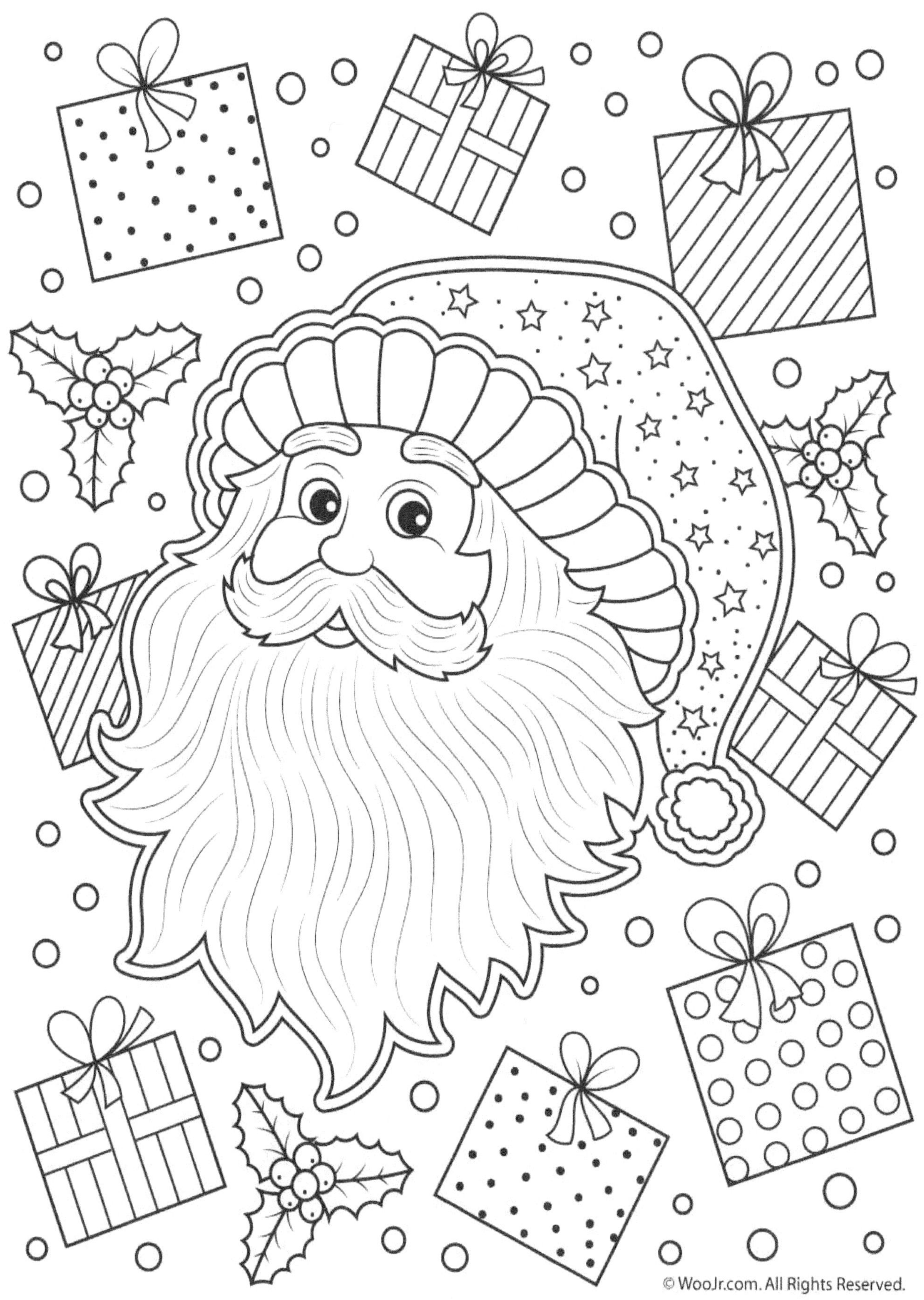

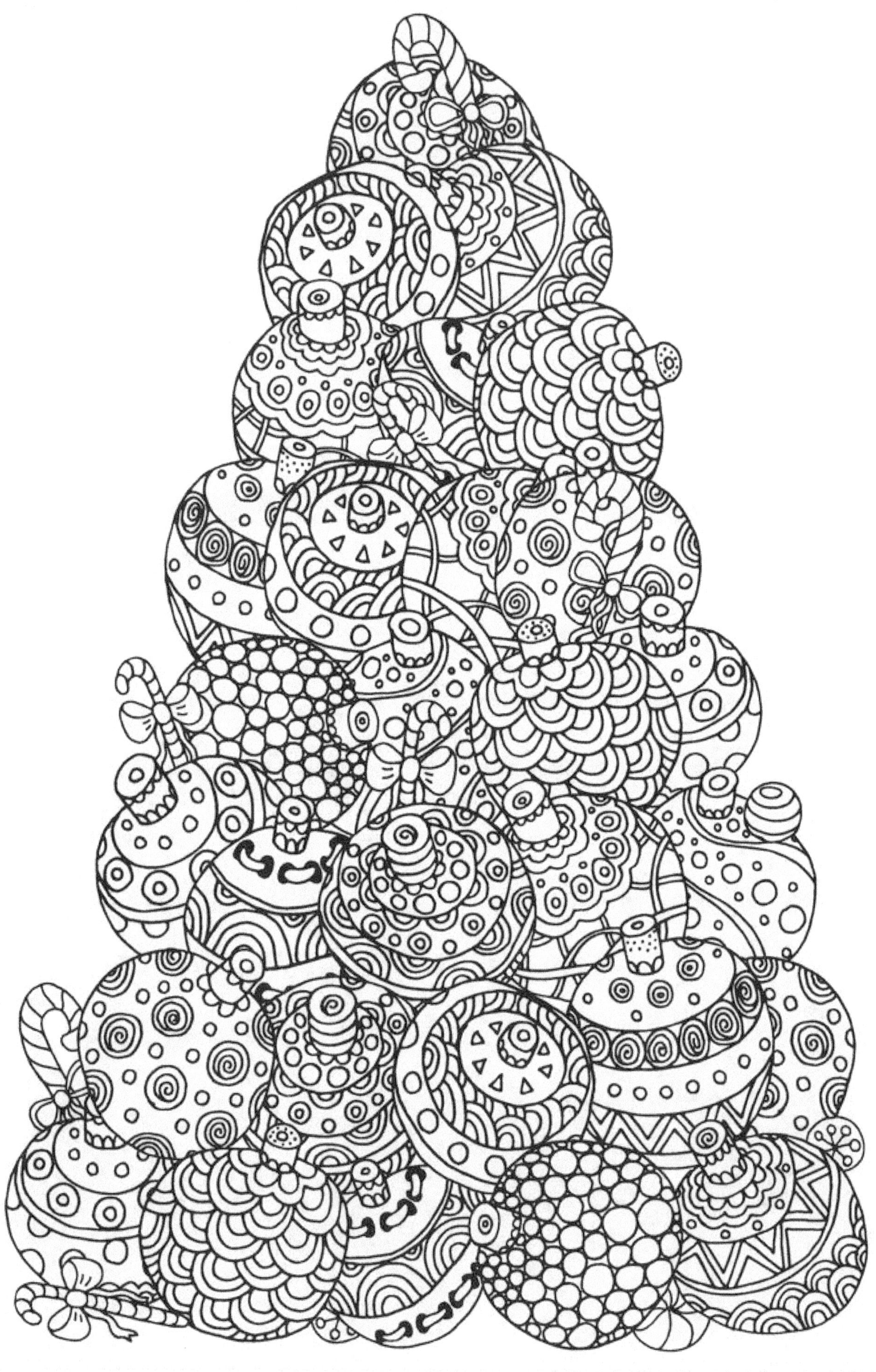

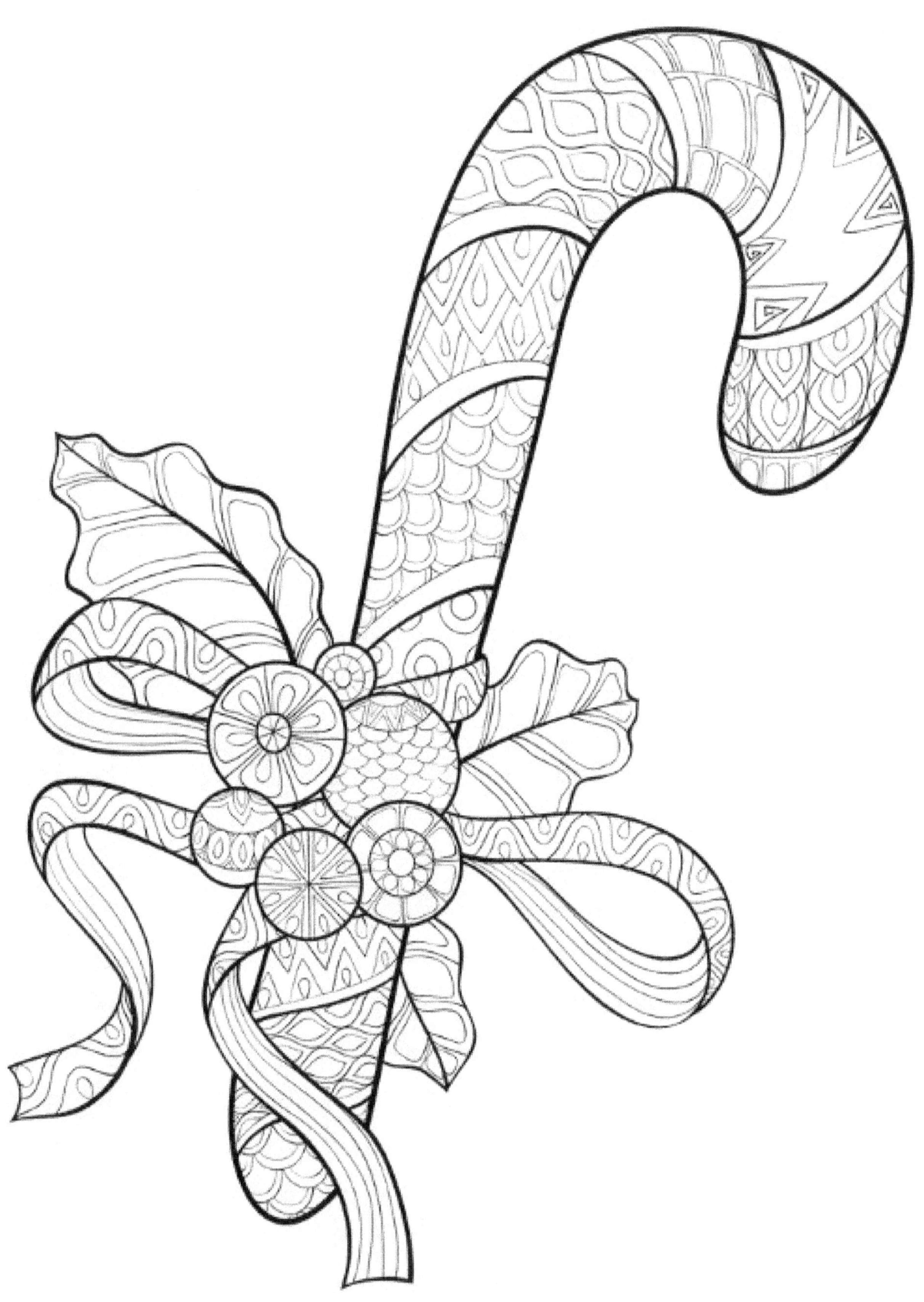

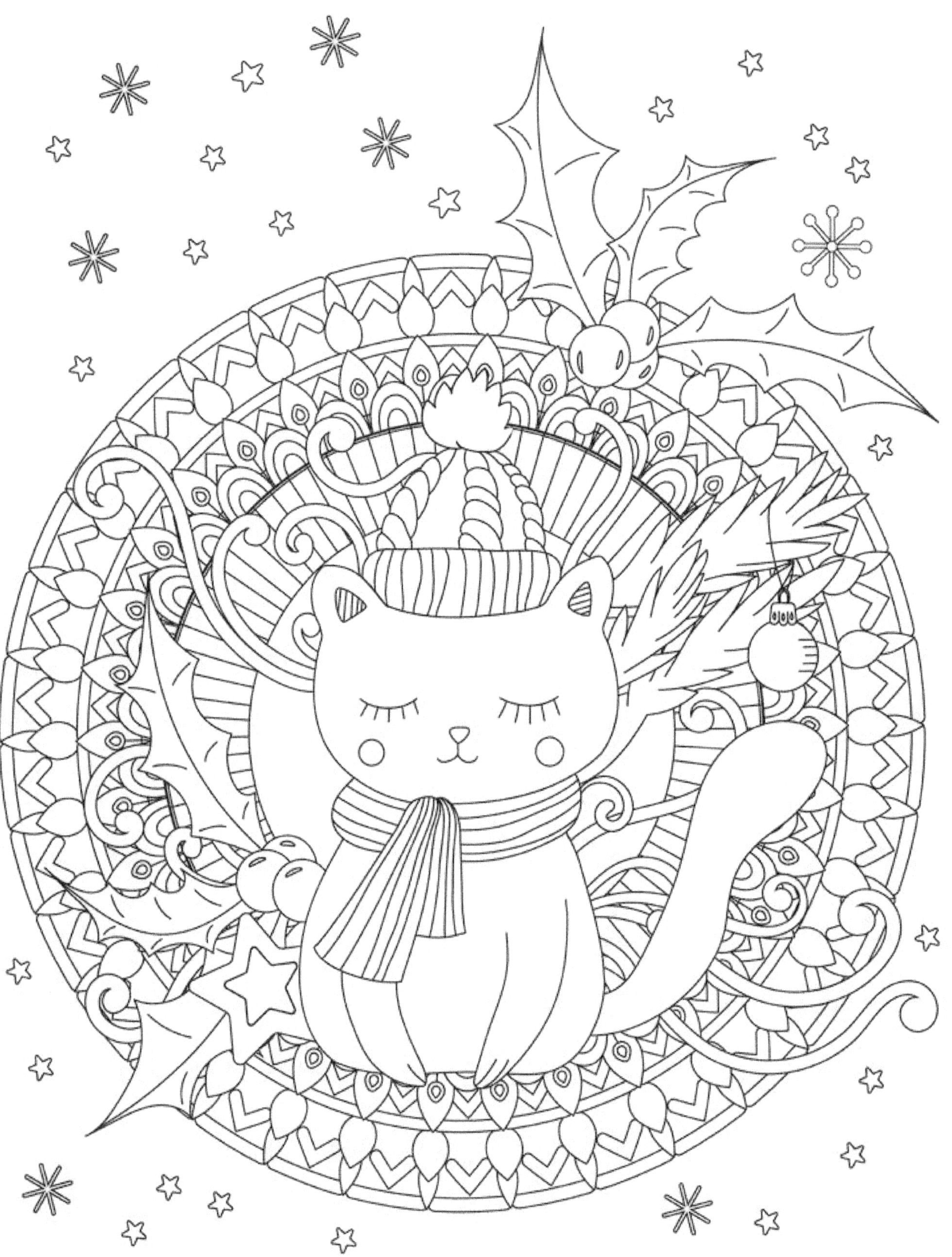

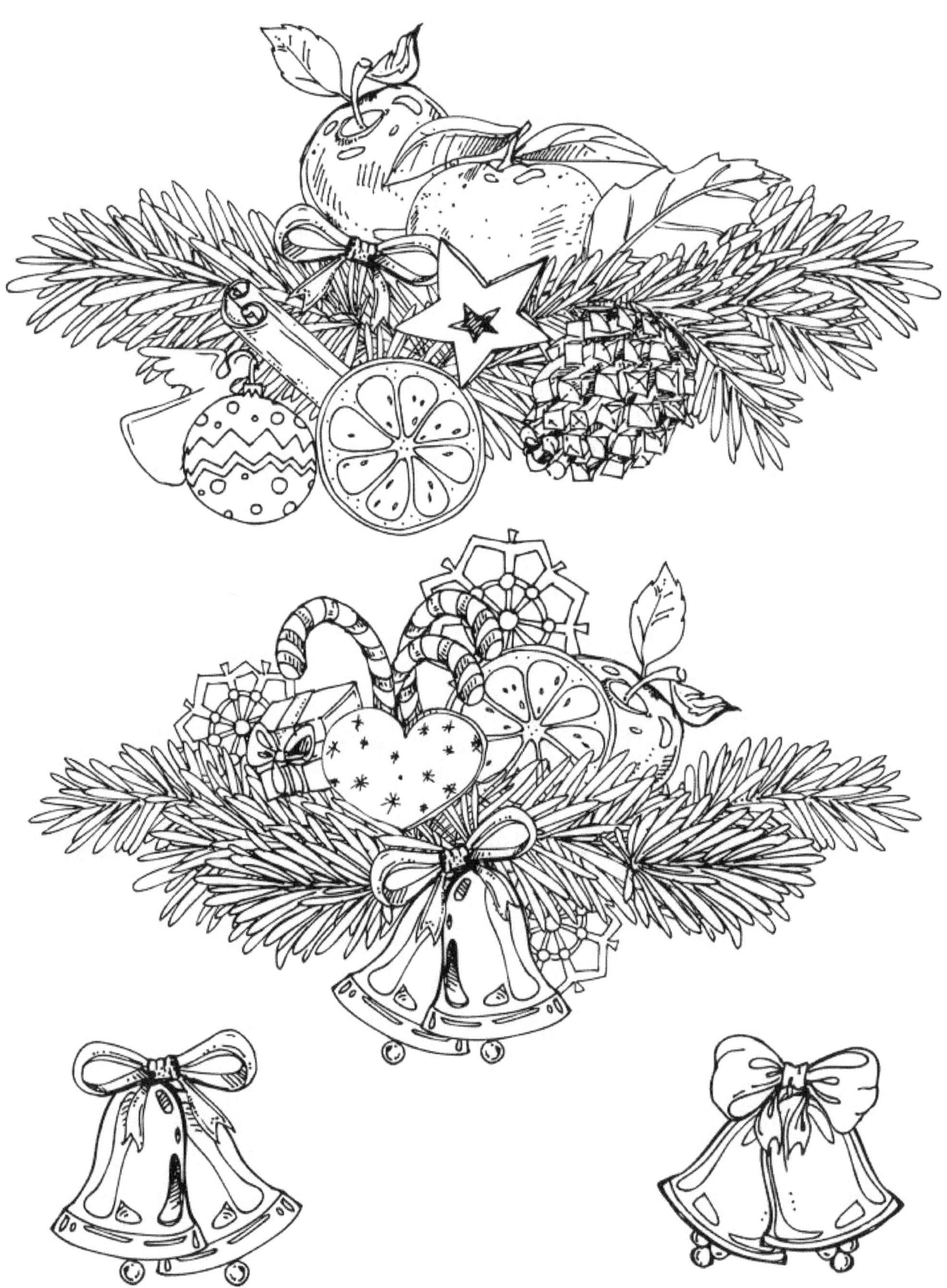

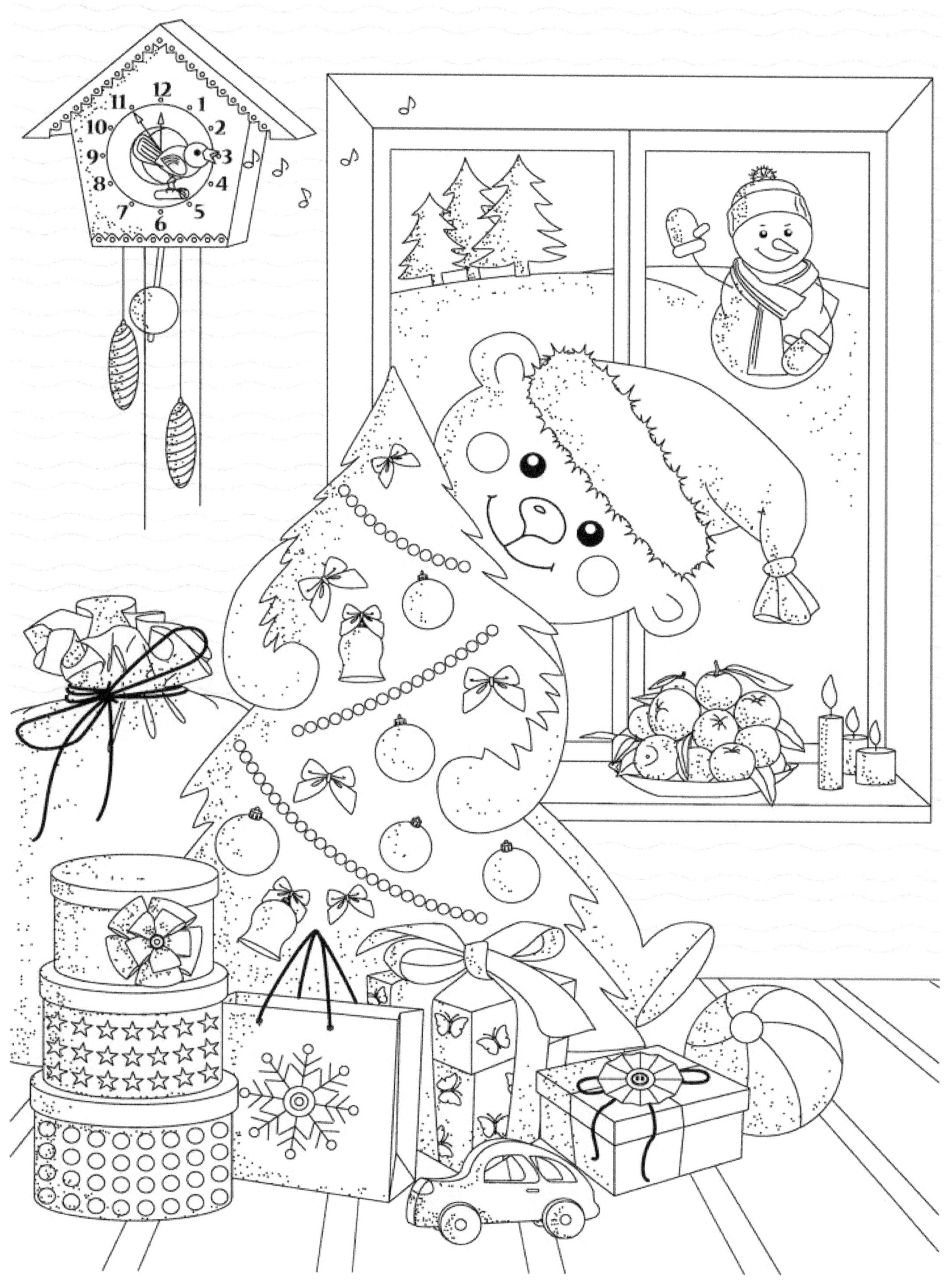

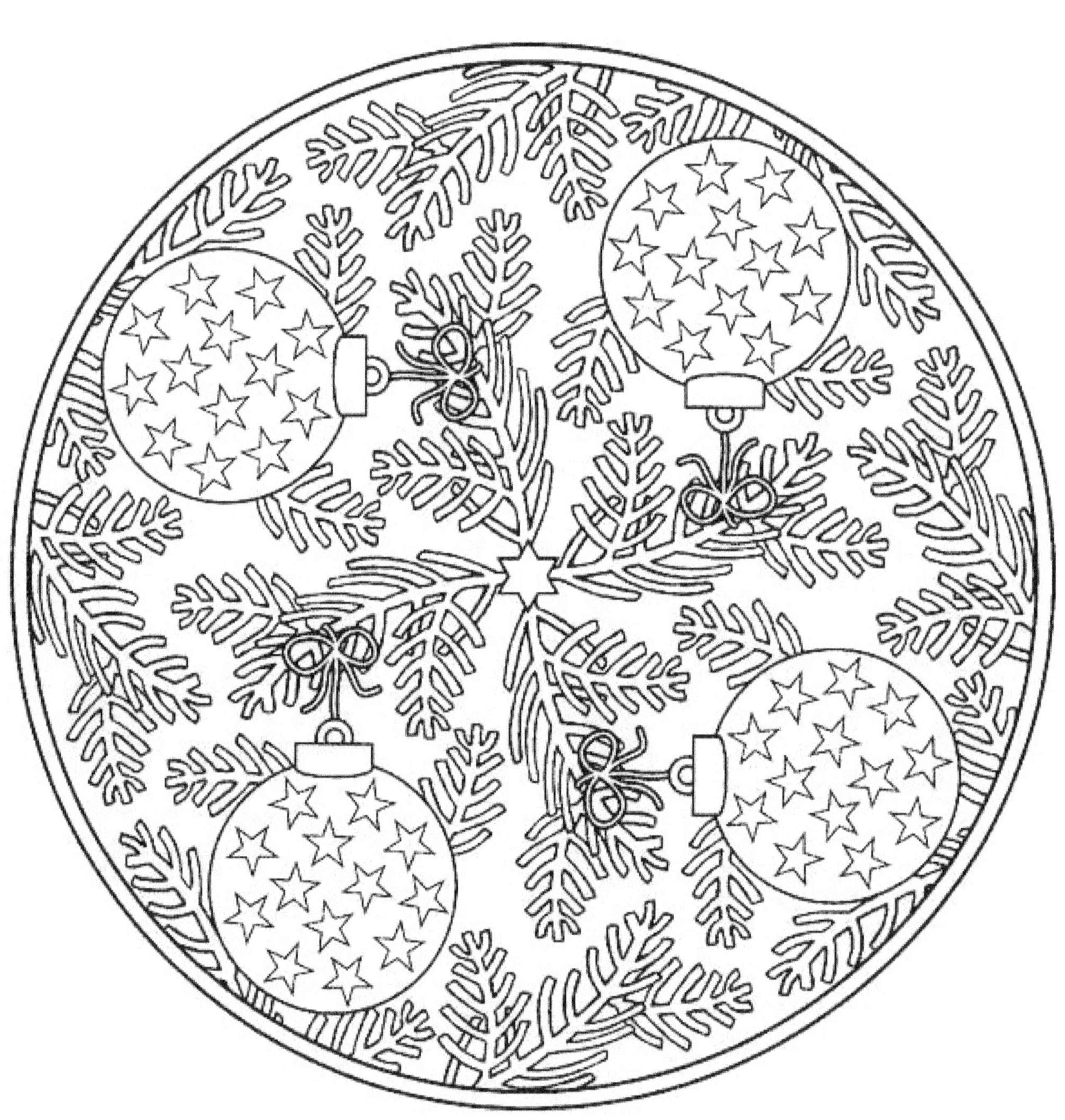

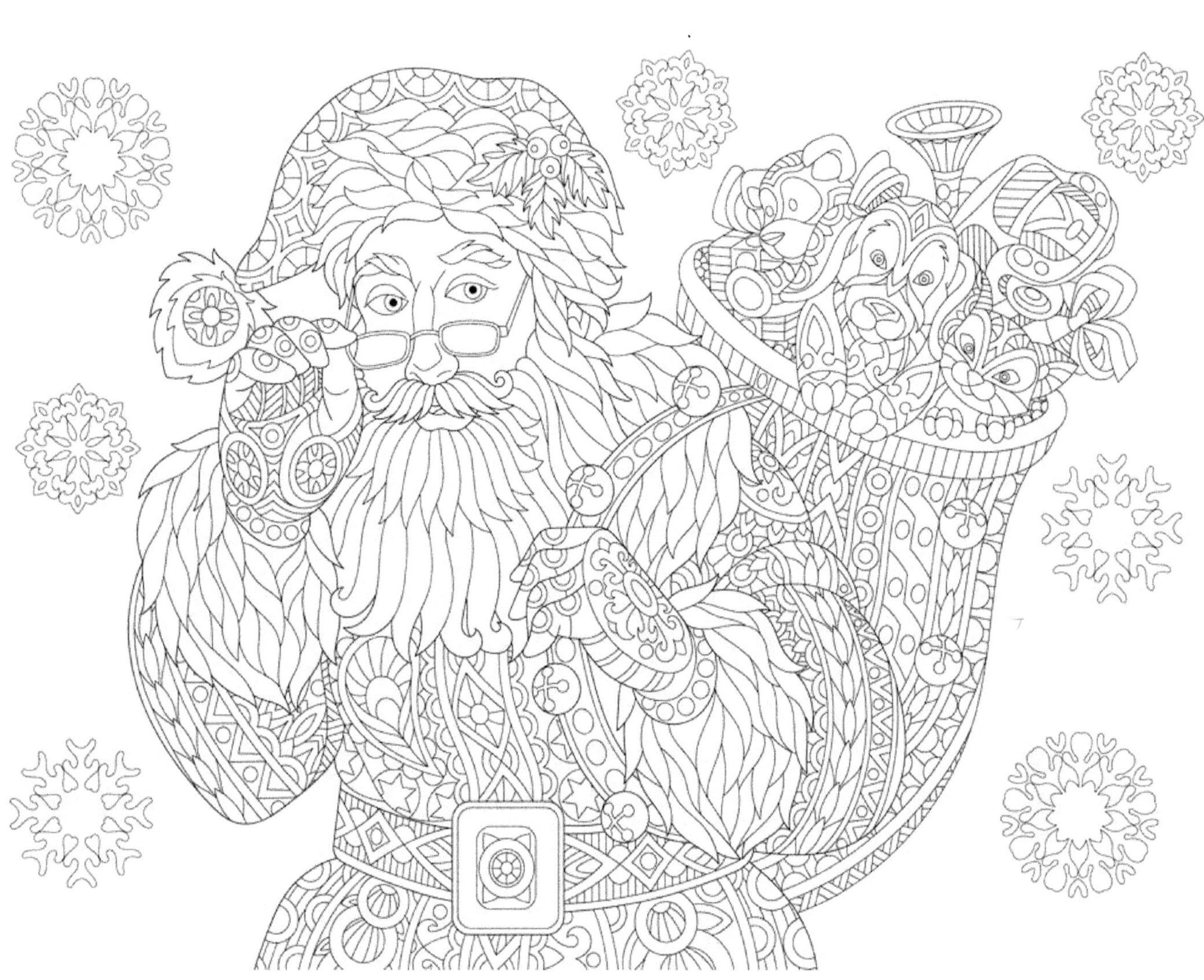

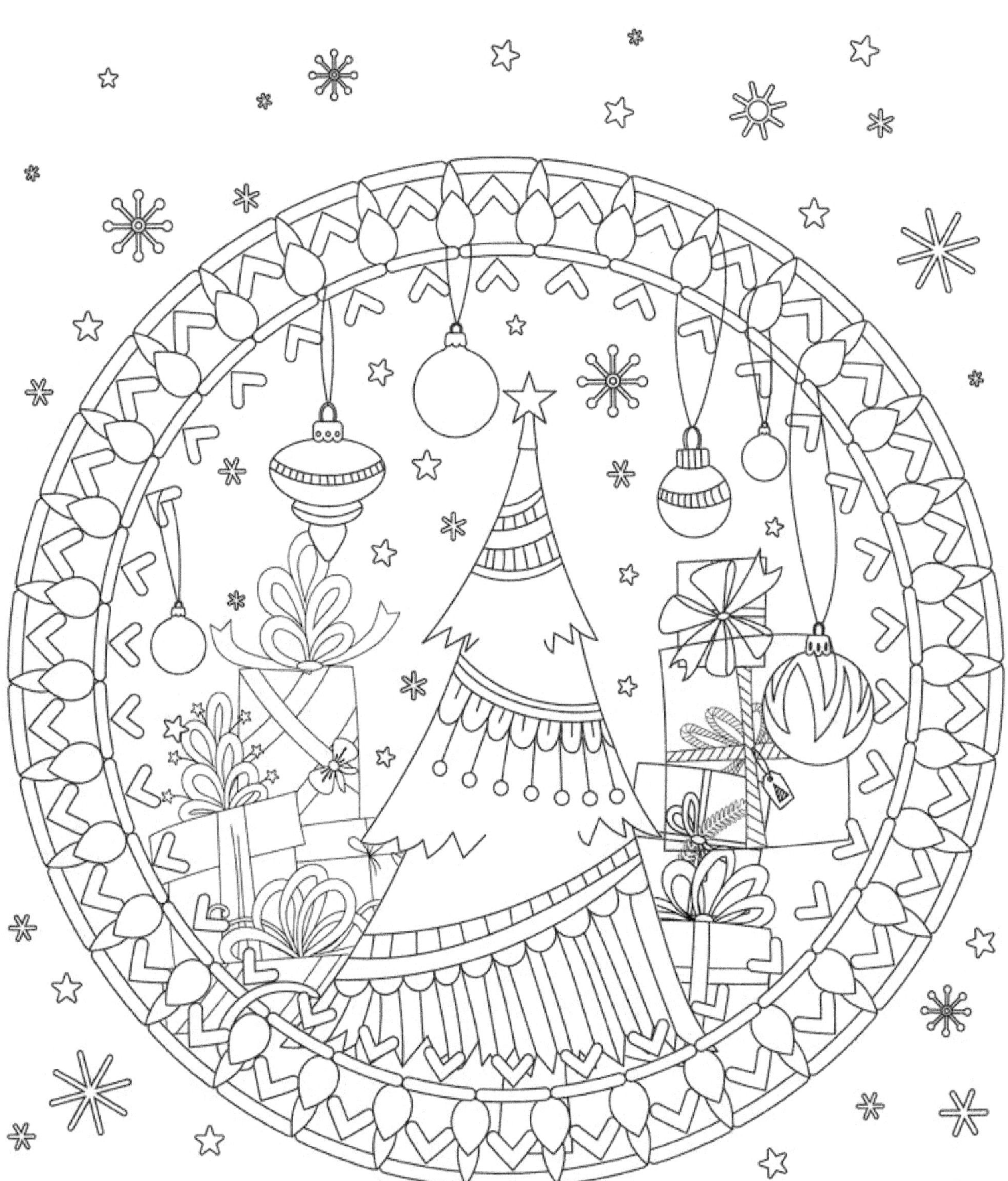

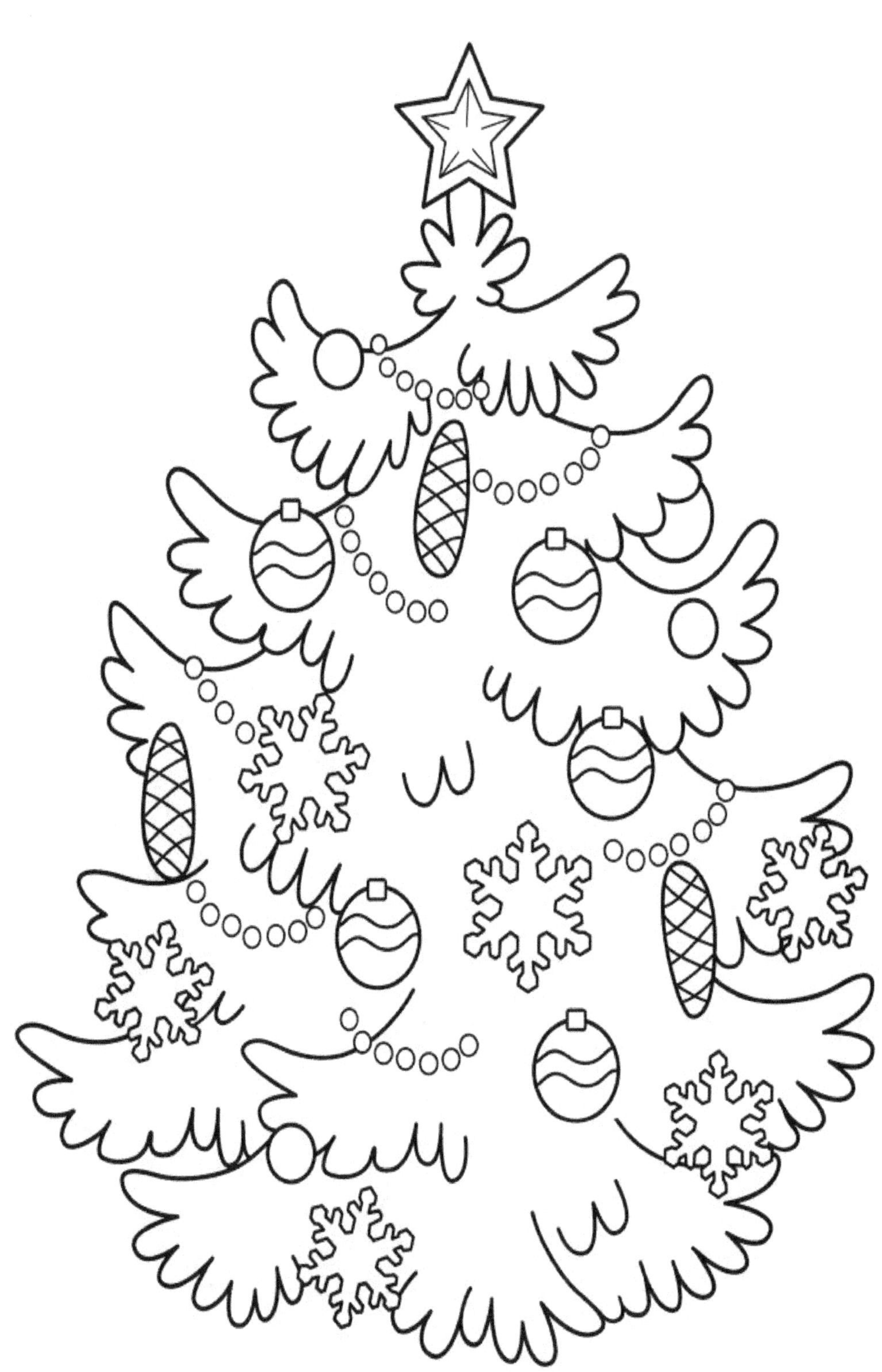

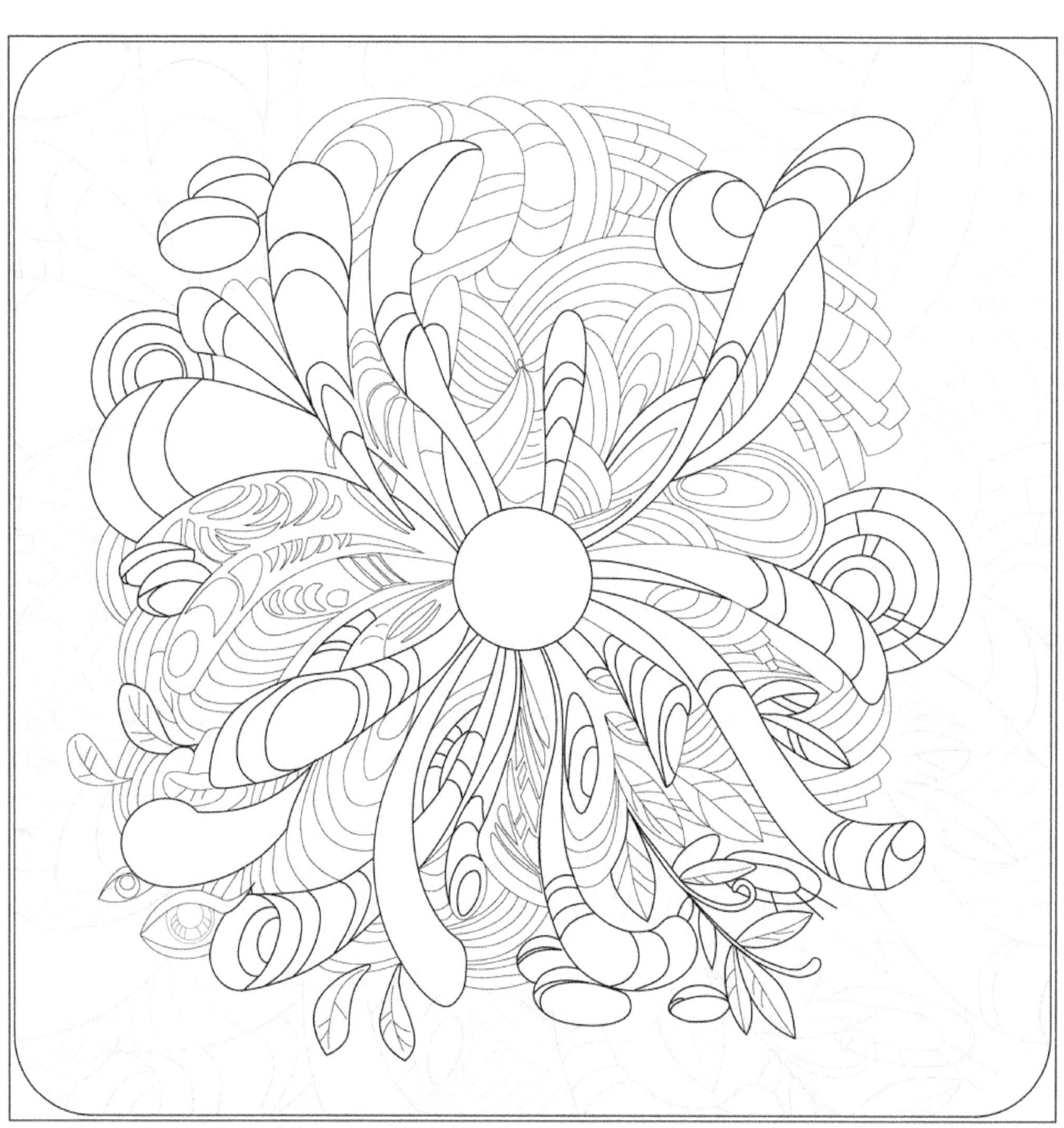

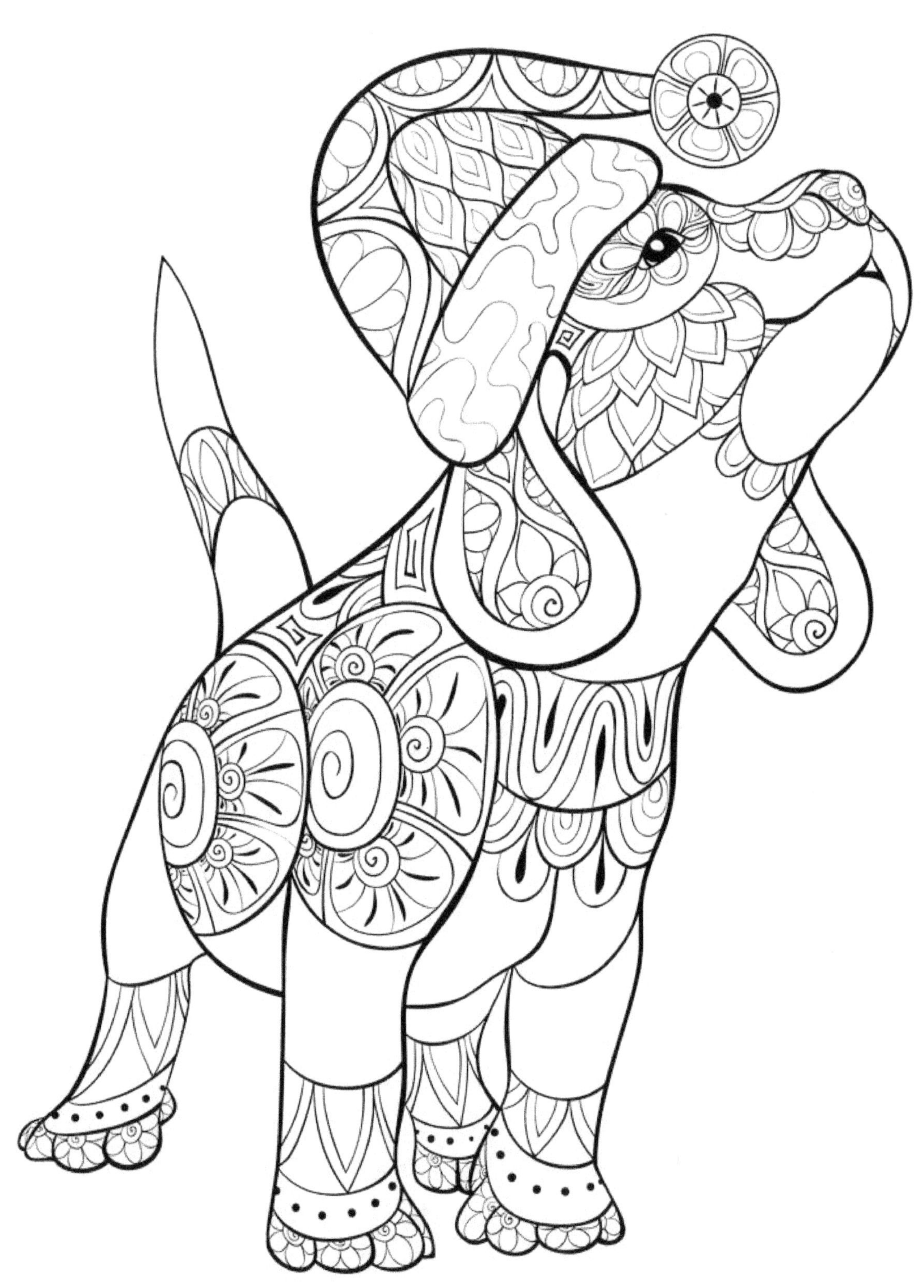

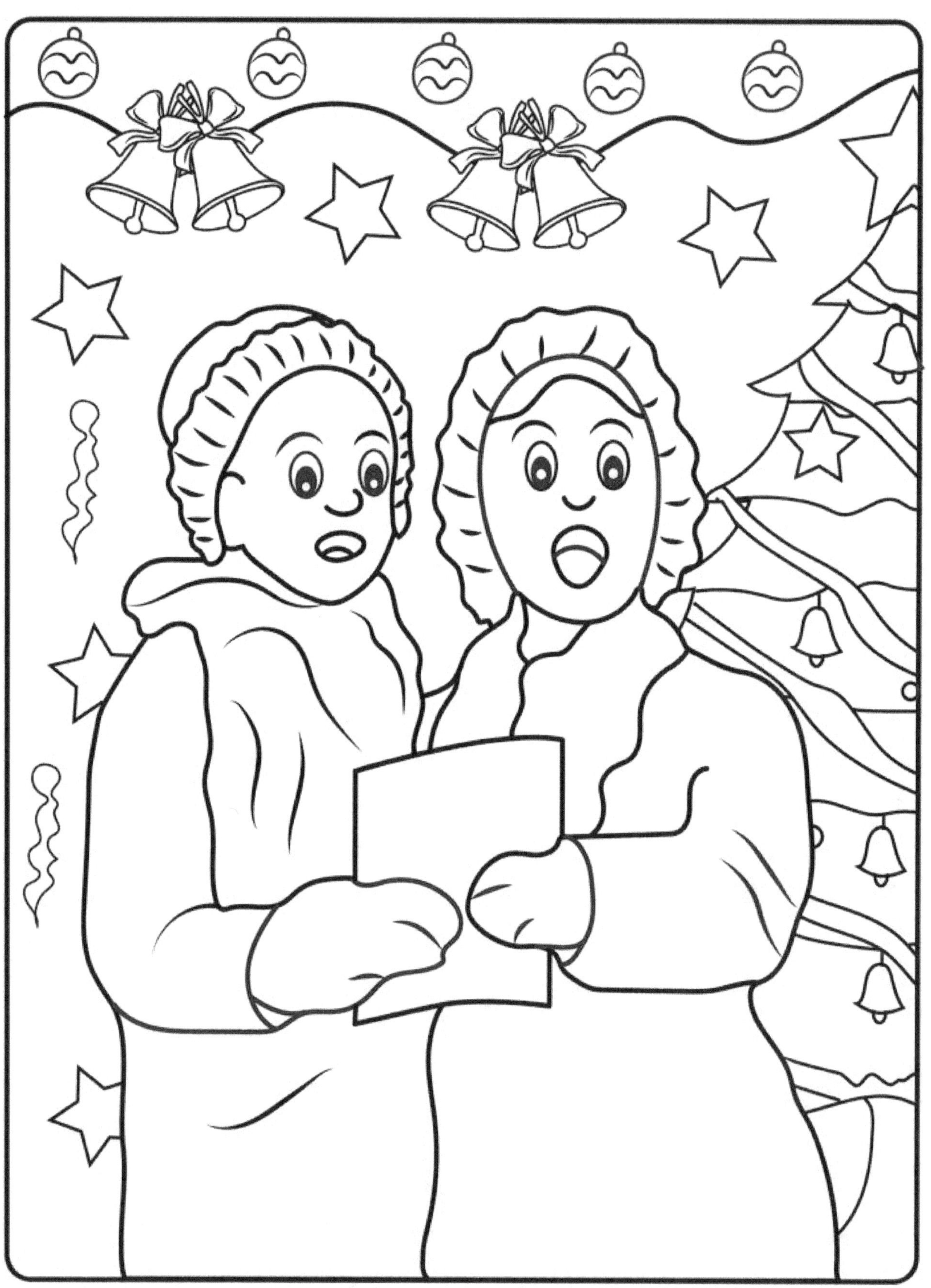

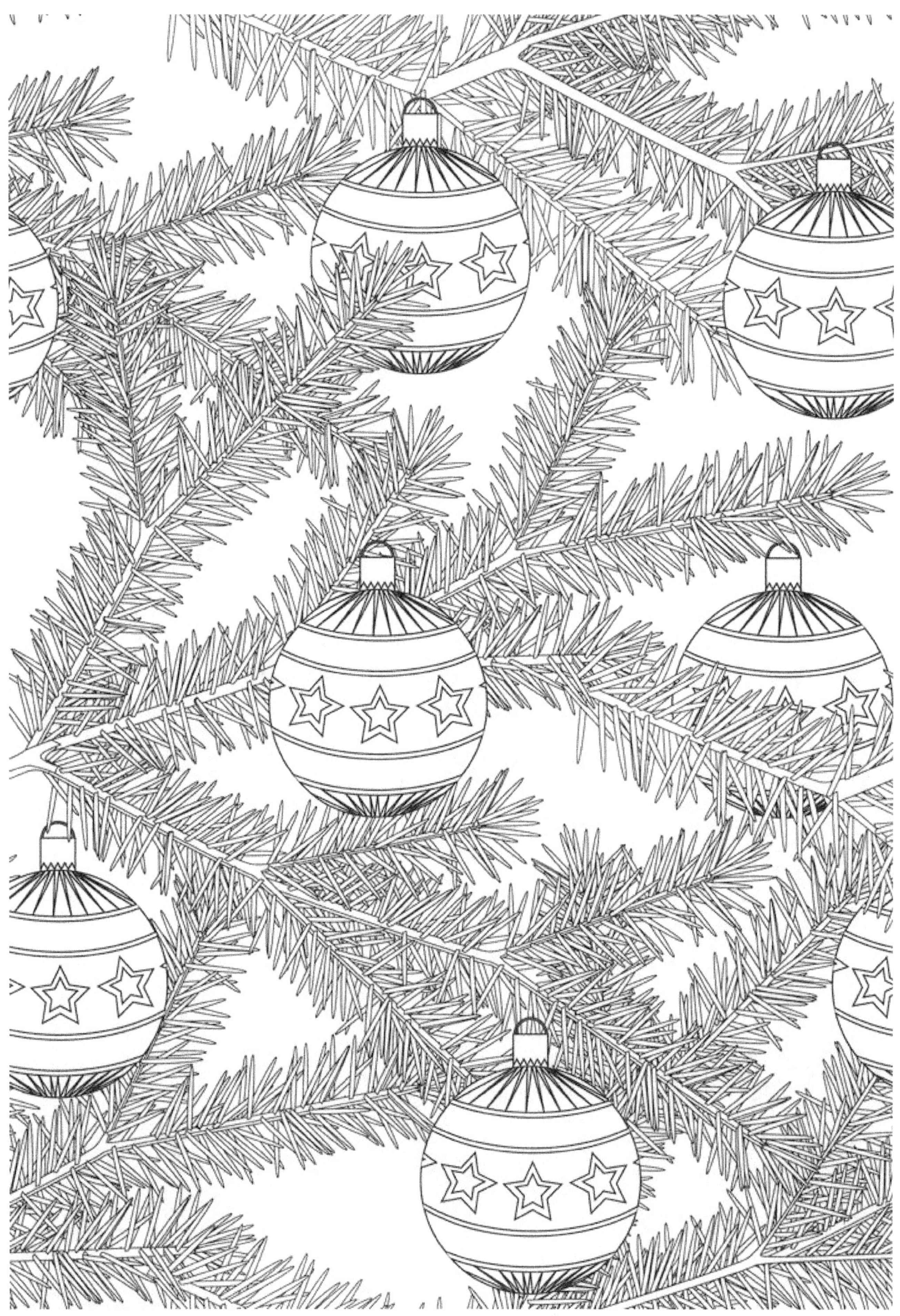

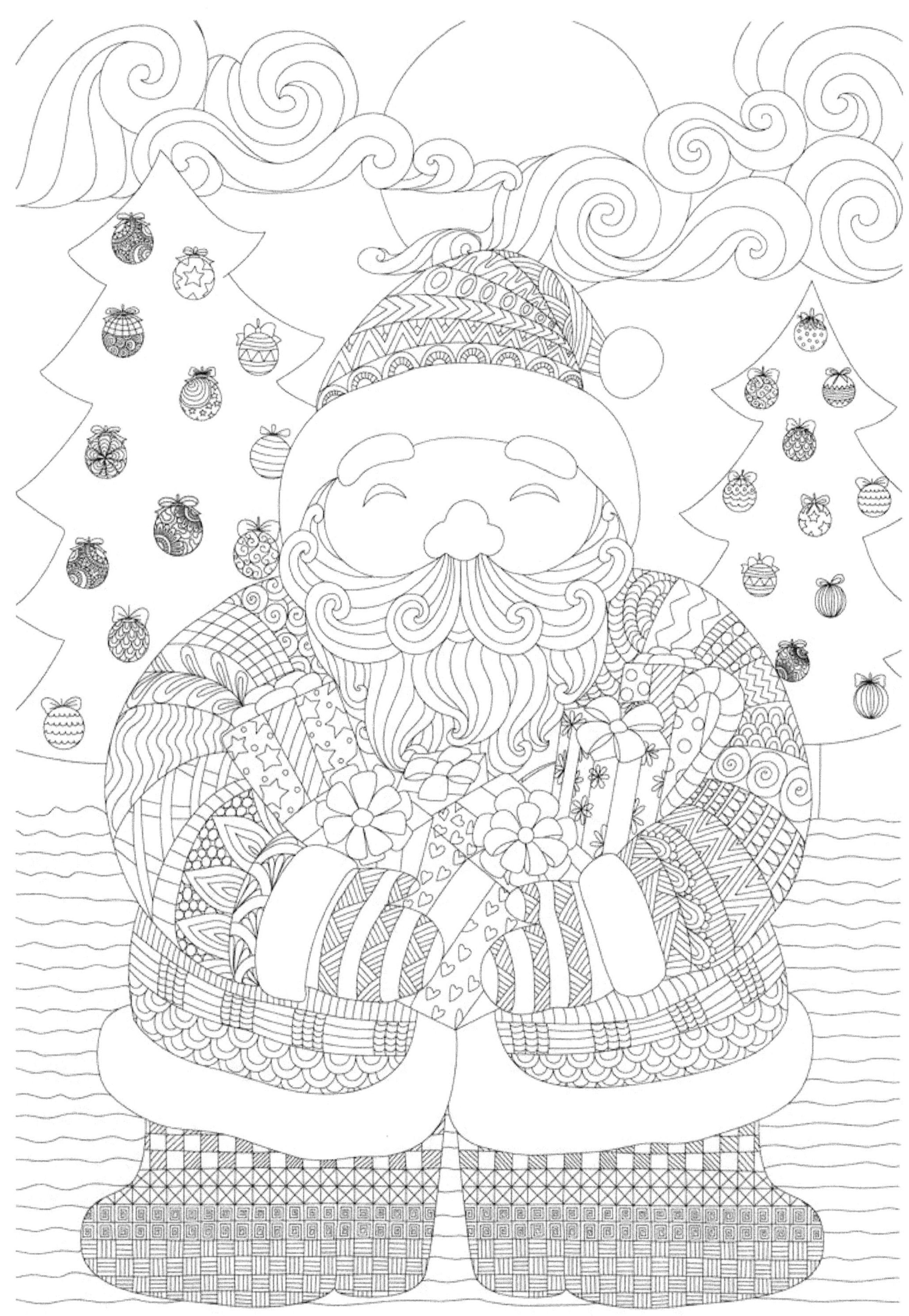

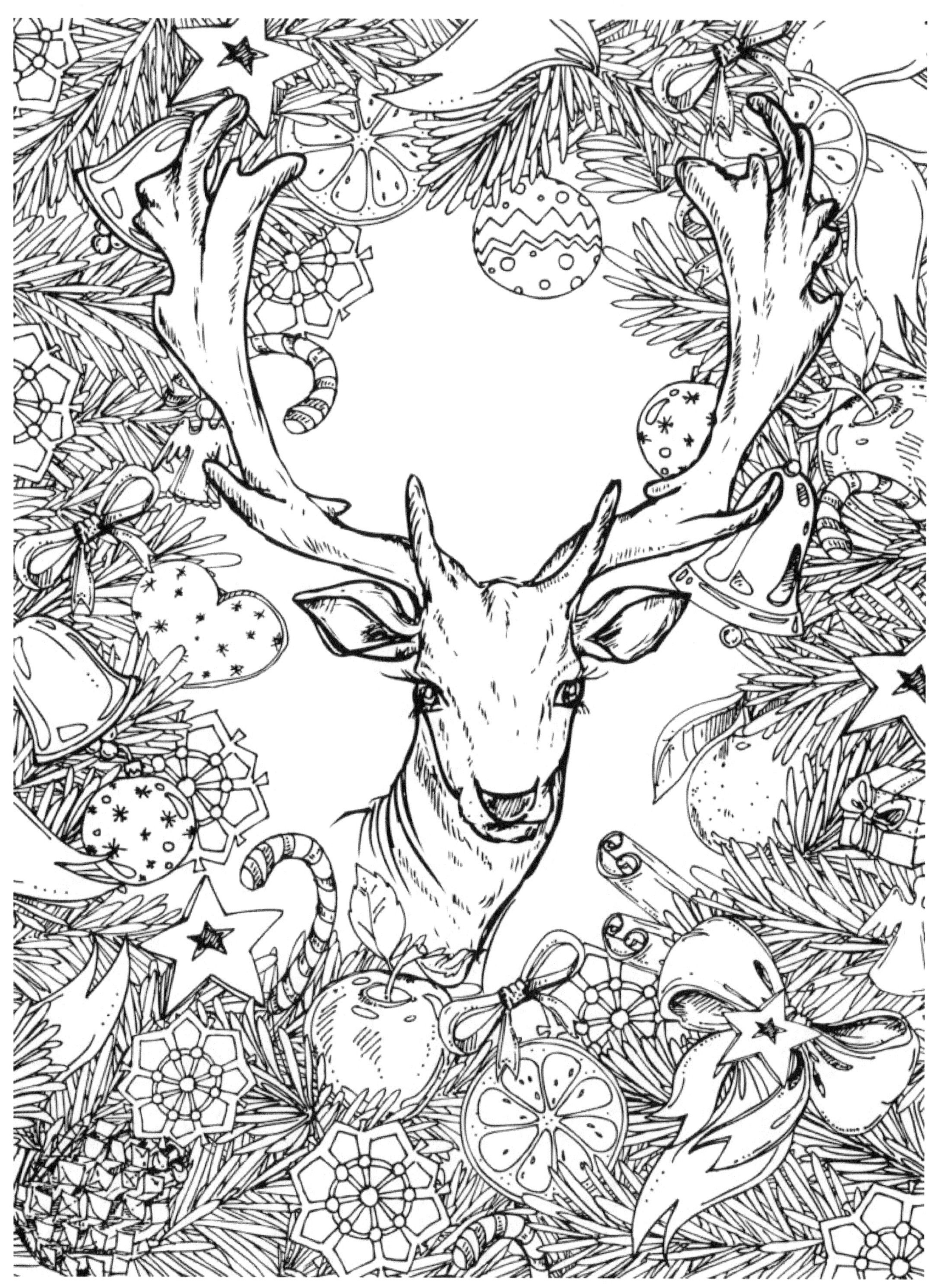

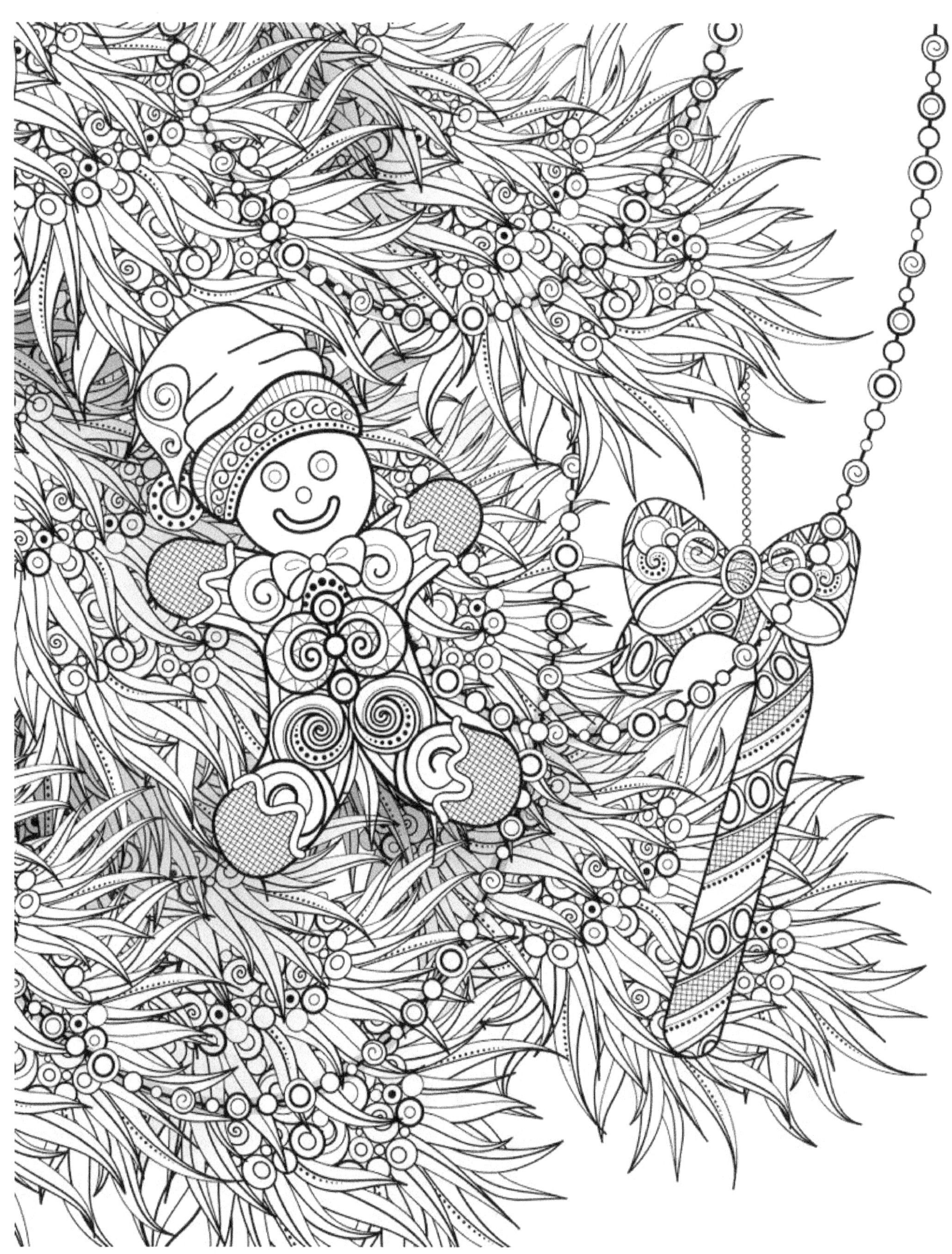

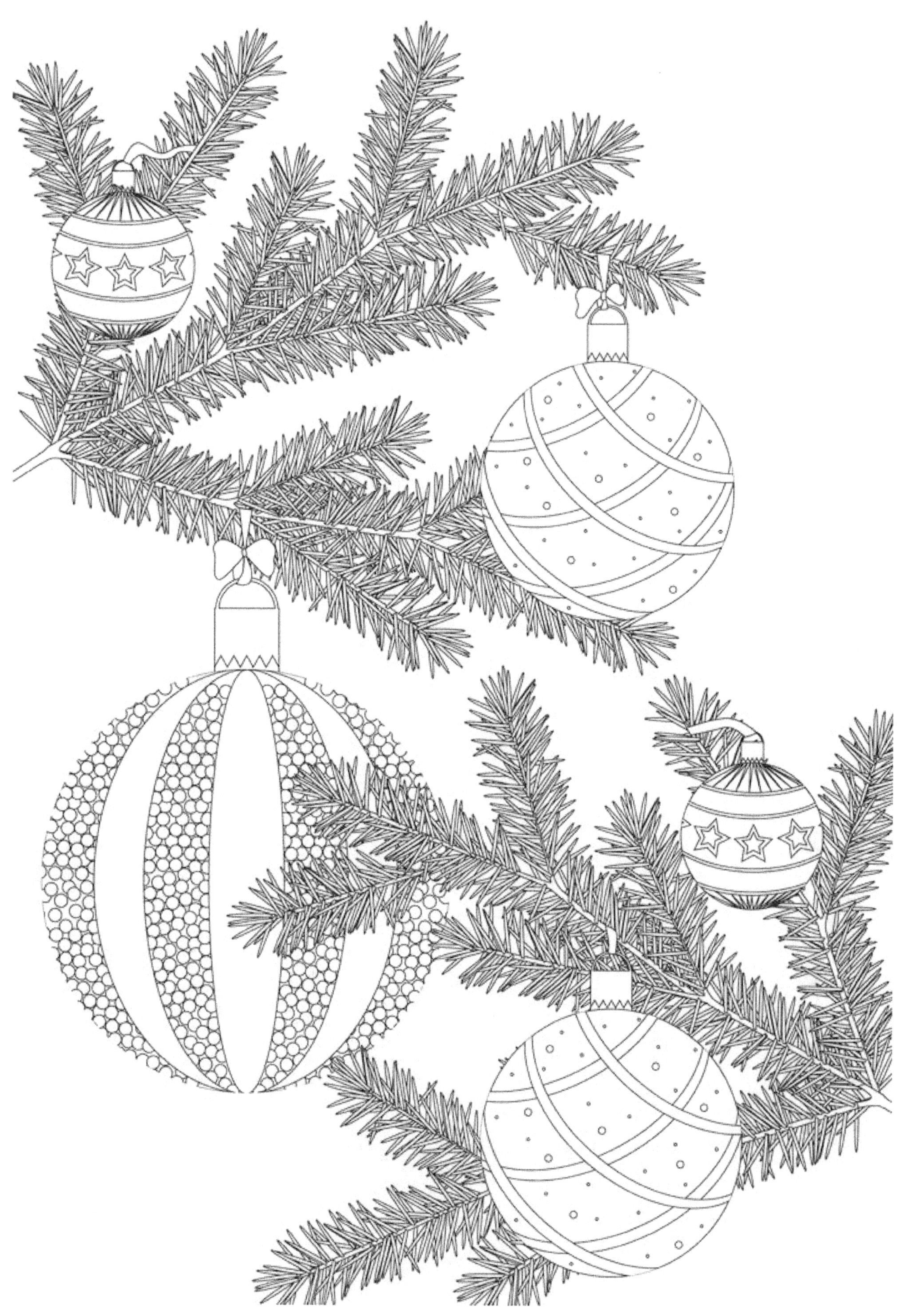

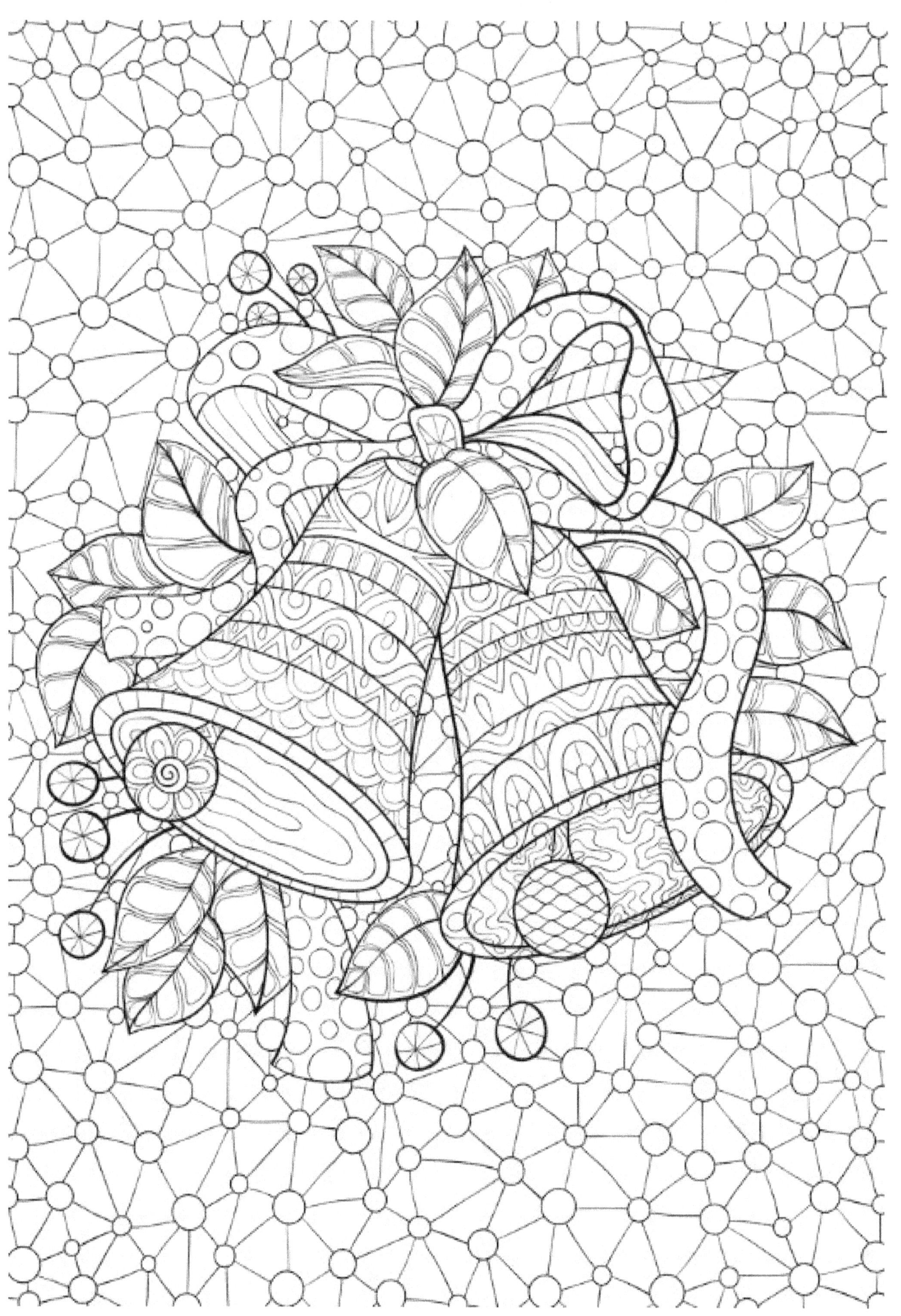

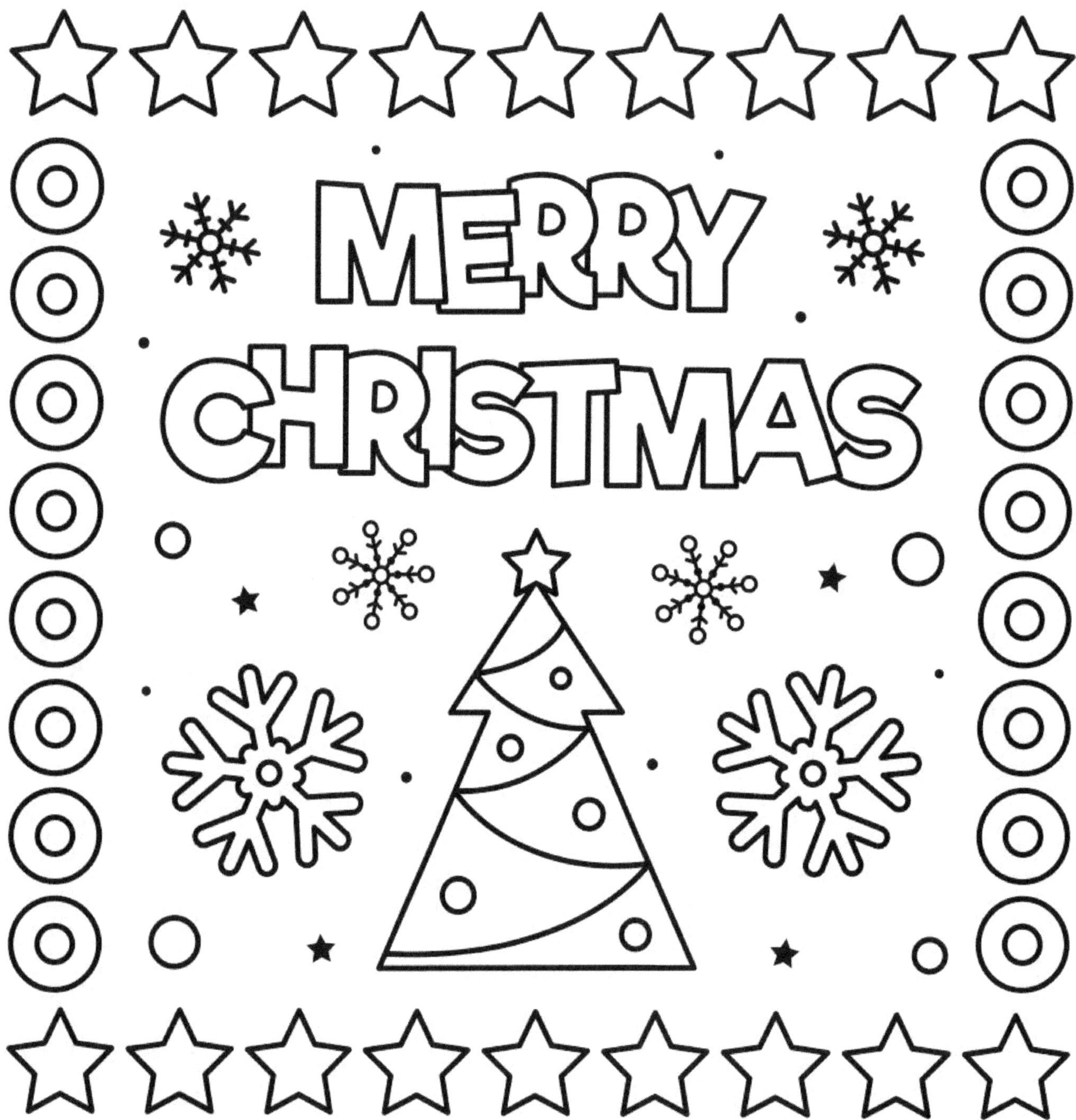

MERRY
CHRISTMAS